युग-क्रांति
की
प्रभात वेला

युग-क्रांति की प्रभात वेला

राजेश

सत्साहित्य प्रकाशन, दिल्ली

यह संपूर्ण सामग्री हिंदी दैनिक प्रभात खबर में 'परिवर्तन' स्तंभ के अंतर्गत प्रकाशित हो चुकी है। इसके पुस्तक रूप में प्रकाशन की अनुमति देने के लिए हम 'प्रभात खबर' परिवार के प्रति आभार प्रकट करते हैं।

प्रकाशक : सत्साहित्य प्रकाशन, 205-बी चावड़ी बाजार, दिल्ली-110006
 / संस्करण : प्रथम, 2015 / मूल्य : दो सौ रुपए
मुद्रक : आर-टेक ऑफसेट प्रिंटर्स, दिल्ली ISBN 978-81-7721-251-8

YUG-KRANTI KI PRABHAT VELA *by* Rajesh Rs. 200.00
Published by Satsahitya Prakashan, 205-B Chawri Bazar, Delhi-110006

जिनके श्रीमुख से
समाज–परिवर्तन के युगांतरकारी विचारों को
उसके विश्वव्यापी परिप्रेक्ष्य में समग्रता
पूर्वक अभिव्यक्ति प्राप्त हुई,
उन युगद्रष्टा महापुरुष
पूज्य बाबूजी
(पं. रामनंदन मिश्रजी)
की पावन स्मृति में!

भूमिका

"पुराने समाज के गर्भ से नए समाज को पैदा करने में धाई (midwife) का काम 'शक्ति' करती है।"

—कार्ल मार्क्स

शक्ति की चर्चा करते हुए माओत्से तुंग ने कहा, "power comes from the barrel of the gun," किंतु गांधीजी ने दो टूक शब्दों में यह स्थापना दी कि अशुद्ध साधनों से शुद्ध साध्य तक नहीं पहुँचा जा सकता। हिंसा की शक्ति के सहारे अहिंसक समाज का निर्माण नहीं किया जा सकता।

पं. रामनंदन मिश्र के अनुसार, "साधारण क्रांतियों के लिए दो शर्तें अनिवार्य हैं—1. अनुकूल परिस्थिति और 2. सुयोग्य नेतृत्व द्वारा संचालित योग्य कार्यकर्ता। लेकिन आज अनुकूल परिस्थिति और कार्यकर्ताओं से ही युग योग्य-क्रांति संभव नहीं। आज तीसरी महान् शक्ति के क्रियात्मक अवतरण की आवश्यकता है, जो पुराने समाज के गर्भ से नवयुग को जन्म दे सके। वह शक्ति भगवत् शक्ति ही हो सकती है।"

परिवर्तन की दृष्टि

"सामाजिक क्रांति के गर्भ से अनुकूल राज्य-व्यवस्था का जन्म होता है। राज्य-व्यवस्था स्वयं क्रांतिकारी समाज का निर्माण कभी नहीं कर सकती।"

"एक साधारण किसान भी जब देखता है कि खेत में मक्का, गेहूँ, अरहर कुछ नहीं पनपता, तो वह जमीन को फिर से जोतकर, कोड़कर, खाद डालकर उपजाऊ बनाता है। आज आवश्यकता है पूरे समाज को कुरेदकर, आध्यात्मिक

खाद डालकर उसे नया रूप देने की। इस महान् जिम्मेदारी को छोड़ सस्ती राजनीति की तरफ जाना पलायनवाद है।''

युग एक महान् क्रांति खोज रहा है। अब सुधारवादी उपायों से कुछ भी सार्थक हासिल नहीं किया जा सकता। पूर्ण कायाकल्प ही एकमात्र उपाय है। मार्क्स ने कहा था, ''पूँजीवाद का अंतर्विरोध ही उसे विघटित कर देगा।'' आज की व्यवस्था अपने अंतर्विरोधों के चलते जर्जर हो चुकी है। अब इसकी मरम्मत नहीं हो सकती। यह निरावरण होकर अपनी तमाम-न्यूणताओं, छल-छद्मों, क्रूरताओं को लिये मुँह के बल गिर रही है। मात्र इस व्यवस्था से लाभान्वित होनेवाला वर्ग, इस पर आवरण डालकर, इसके कारगर होने का भ्रम पैदा करने की कोशिश कर रहा है। प्रत्येक वह कार्य, जो मौजूदा व्यवस्था की कीलों को दुरुस्त कर इसे फिर से खड़ी करने की कोशिशों से संबद्ध है, इस सुविधाभोगी वर्ग की कुचेष्टाओं को ही मदद पहुँचानेवाला सिद्ध होगा।

परिवर्तन की दिशा

''इतिहास की धारा किधर जा रही है, यह समझकर और उसके साथ कदम मिलाकर ही कोई कार्यक्रम सफल हो सकता है। इतिहास की गतिविधि को अनदेखा कर कैसा भी कार्यक्रम बनाया जाए, उसके सफल होने की आशा नहीं।''

''विश्व के सभी शक्ति केंद्रों के ध्वस्त होने पर ही विश्व की शक्ति दिशा परिवर्तन करेगी और विश्व-राष्ट्र तथा विश्व-धर्म की भूमिका तैयार होगी।''

अत: यह स्पष्ट है कि आज की व्यवस्था से संबद्ध तमाम संस्थाएँ धूलिसात् होने वाली हैं। इन्हें फिर से सुव्यवस्थित करने का कोई भी प्रयत्न प्रगतिगामी कदम ही सिद्ध होनेवाला है।

दुनिया में चार प्रवाह काम कर रहे हैं। एक है, व्यक्ति का स्वार्थ-प्रवाह। दूसरा है, समाज-प्रवाह। तीसरा है, युग-प्रवाह और चौथा है, ईश्वरीय-प्रवाह। संकुचित प्रवाह को अपने से विशाल प्रवाह के अनुकूल होना होता है, तभी उसकी रक्षा होती है।...आज का युग-प्रवाह एक होने का, विश्व-राज्य बनाने का है। जिस तरह एक राष्ट्र में हर प्रांत अपनी-अपनी थोड़ी आजादी केंद्र को समर्पित करता है वैसे हर देश को अपनी थोड़ी-थोड़ी आजादी विश्व-राज्य को समर्पित करनी होगी।

राष्ट्रीयता की भावना का स्थान 'वसुधैव कुटुंबकम्' और 'पुत्रोऽहं पृथिव्याः' जैसी उदात्त भावनाएँ लेंगी। एक तरह से नीचे ग्राम-राज्य और ऊपर विश्व-राज्य की व्यवस्था खड़ी होगी।

इसी तरह हम निश्चित विश्वास के साथ कह सकते हैं कि धार्मिक संप्रदायों का युग चला गया। युग-प्रवाह विश्व-धर्म खोज रहा है। इसके विपरीत लोक-प्रवाह संप्रदायवाद की ज्वाला प्रज्ज्वलित करे, तो युग-प्रवाह के सामने टिक नहीं सकेगा।

आज के आणविक युग में यदि विश्व-राज्य और विश्व-धर्म को धारण करने योग्य विश्व-मानस नहीं तैयार हो पाता तो विश्व को विनाश से बचाया नहीं जा सकता।

चौथा प्रवाह है, ईश्वरीय-प्रवाह। ईश्वर की इच्छा एक हो और उसे न पहचानते हुए युग की इच्छा चले, तो प्रलय अनिवार्य है।

व्यक्ति-परिवर्तन : मौलिक आवश्यकता

''मानव-जाति के सामने आज जीवन-मरण का प्रश्न उपस्थित है। वह क्या करे? क्या समाज का नया ढाँचा तैयार किया जाए? परंतु उससे लाभ क्या? जैसा भी ढाँचा तैयार होगा, भोग-लोलुप, मानव-पशु सब प्रयत्नों को निष्फल कर देगा। इसलिए आज हम फिर उसी विचार पर आ जाएँ कि व्यक्तियों के निर्माण के बिना स्वस्थ समाज का निर्माण संभव नहीं।''

समाज-परिवर्तन की दिशा में क्रियाशील जमातों ने अब तक सामाजिक-आर्थिक पक्ष को ही अपनी सोच के केंद्र में रखा है। मानवीय संकट के मूल को चिह्नित करने में वे असफल सिद्ध हुए हैं। आज की भयावह समस्याओं का मूल कारण है—मनुष्यता का लोप हो जाना। प्रेम की जगह आसक्ति और मोह, सामूहिकता के स्थान पर वैयक्तिकता ने आज के मनुष्य को संकुचित, स्वार्थी, हिंसक, आस्थाहीन और भयभीत बना दिया है। सब पापों की जड़ मानव-हृदय में राक्षसी 'मैं' का जागरण है। इस 'मैं' की जगह 'हम' की स्थापना नहीं हुई, तो सारे प्रयत्न विफल हो जानेवाले हैं। इसलिए व्यक्ति के अंतर का परिवर्तन आज की प्राथमिक आवश्यकता है।

ईश्वरेच्छा का केंद्रीय महत्त्व

आज का व्यक्ति समाज से टूटकर नितांत अकेला और अहंग्रस्त हो गया है।

इस प्रकार के व्यक्तियों से निर्मित समाज, उसकी संस्थाएँ कभी एकजुट नहीं रह सकतीं। इसलिए आज सबकुछ टूट रहा है। यह इस बात को स्पष्ट इंगित करता है कि आज भेद की सभी प्रकार की संकीर्णताओं का अंत कर देनेवाले एकता विधायक सूत्र की सर्वाधिक आवश्यकता है। आस्था और विश्वास की आवश्यकता है। एक शब्द में समाज को भगवान् की आवश्यकता है।

हम गांधीजी का नाम लेते हैं, किंतु यह भूल जाते हैं कि गांधी के नेतृत्व में चलाए गए राष्ट्रीय मुक्ति-संग्राम में पुरुषार्थ के साथ प्रार्थना अभिन्न रूप में संलग्न थी। गांधी के हर कार्य में उनकी 'अंतरात्मा की आवाज' का समर्थन आवश्यक था। उनकी प्रत्येक गतिविधि में 'राम' उनके साथ थे। उन्होंने पूरे देश से 'रघुपति राघव राजा राम' गवाया। राष्ट्रीय मुक्ति संग्राम को उन्होंने ईश्वरेच्छा के रूप में वरण किया था।

व्यवस्था-परिवर्तन या समाज-परिवर्तन की प्रत्येक चेष्टा, इस ईश्वरेच्छा की उपेक्षा कर असफल और दिशाहीन हो जाने के लिए अभिशप्त है।

दूसरी ओर ईश्वरेच्छा को वरण करने का अर्थ है—उसका वाहक बनकर, उसकी शक्ति के सहारे परिवर्तन के महान् लक्ष्य को हासिल करने की दिशा में आगे बढ़ना।

—राजेश

नव विश्व-निर्माण की भूमिका

आज विश्व अभूतपूर्व युग-क्रांति के द्वार पर खड़ा है। पुराना मर चुका है। उसकी सड़ांध से सृष्टि सर्वनाश की दिशा में ढलकती जा रही है। नया समाज जन्म नहीं ले रहा है। क्या सृष्टि के सर्वनाश या प्रलय का समय आ गया? परंतु अपना काम पूरा किए बिना अकाल में ही किसी का नाश नहीं होता। क्या विकास की संभावनाएँ पूर्ण रूप से घटित हो गईं? यदि नहीं तो इस काल-निशा के गर्भ से नए विकसित मानव का जन्म और सृष्टि में विकास के नए स्तर का उद्भव होना सृष्टि-रक्षा के लिए अवश्यंभावी है।

यह सब इतना महान् है कि हम इसके पूर्व संकेत को समझ नहीं पा रहे। हमारी विचारधारा प्राचीन लकीरों, पिटे-पिटाए मार्ग को छोड़कर नई दिशा की ओर सोच ही नहीं पा रही है। समाज दूषित है, तो राजनीति को बदलो, नए शक्तिकेंद्रों की स्थापना करो आदि, पुराने विचारों को रद्दी की टोकरी से निकाल कर लोग जनता के सामने रखते हैं।

जब से डार्विन ने विकासवाद का सिद्धांत विश्व के सामने रखा, तब से ही यह प्रश्न उठता रहा है कि क्या विकास का क्रम समाप्त हो गया? और यदि अब विकास होगा तो किस दिशा में होगा? विकास की प्रेरणा कैसे जन्म लेती है? यह कहना कि अंधी प्रकृति, यों ही, गति के क्रम में, नई दिशा ले लेती है अर्थात् नई दिशा का लेना freak of nature है, विज्ञान का पथ छोड़ देना है। सच्चाई यह है कि जीवन के प्रारंभ से ही प्रकृति के अंतर में चेतन प्रेरणा रहती है और यही प्रेरणा जीवन के बाह्य भौतिक स्वरूप को विकास की दिशा देती है। विकास के क्रम में जब मानसिक विचार करनेवाला मानव प्रकृति के रंगमंच पर प्रकट होता है तो जीवन की प्रसुप्त भावनाएँ धीरे-धीरे स्फुटित होने लगती हैं। केवल भोग और वंश-विस्तार ही उसके अंतर का आधार नहीं रहते। यह महान् प्रश्न है—वह कौन है?

यह संसार क्या है? वह किस तरह स्वयं आनंद पाएगा और चारों तरफ के लोगों को आनंद दे सकेगा? इसका उत्तर दे सकनेवाले सामर्थ्यवान उन्नत पुरुष के रूप में उसका विकास हो, यह भावना स्पष्ट होने लगती है।

विकास के विभिन्न स्तरों का हम अध्ययन करें तो पता लगेगा कि आंतरिक प्रेरणा के रहते हुए भी विकास तब तक नहीं होता, जब तक समाज को इसकी नितांत आवश्यकता नहीं हो जाती। जब जीवन और मृत्यु की समस्या खड़ी हो जाती है उस समय जीवित रहने (Survival) की आवश्यकता अंत: प्रेरणा को बाह्य सृष्टि के विकास का नया स्तर लाने में सक्षम बनाती है।

आज यह स्पष्ट है कि मानव वंश को यदि जीवित रहना है तो उसकी प्रेरणा और व्यवहार में आमूल अंतर आना चाहिए। ईसा मसीह का मुख्य संदेश—'पड़ोसी को प्यार करो' या गांधी-विनोबा के निर्देश—'ग्राम एक परिवार हों'—मात्र नैतिक या आध्यात्मिक उपदेश न रहकर अब जीवन रक्षा के लिए आवश्यक हो गए हैं।

प्रारंभ में जैसे इकाई की भावना का दृढ़ होना आवश्यक था, वैसे ही आगे चलकर उन इकाइयों के भीतर समाहित सामूहिक चेतना की अनुभूति का भी स्थाई स्वभाव बन जाना आवश्यक हो गया है। अन्यथा 'मैं' राक्षसी रूप लेगा और विश्व को संहार की ओर ले जाएगा। आज यही स्थिति आ पहुँची है। 'मैं' और 'मेरा' की भावना विश्व को संहार के कगार पर पहुँचा चुके हैं। इसके स्थान पर 'हम' और 'हमारा' की व्यापक भावना का विकास ही विश्व को विकास की नूतन संभावनाओं की ओर ले जा सकेगा।

क्या यह काम कोई राज्य-सत्ता या दूसरे प्रकार के संगठन कर सकते हैं? उत्तर स्पष्ट है कि इतना महान् कार्य विज्ञान पर आरूढ़ अध्यात्म द्वारा प्रस्थापित और विकसित नया मानव ही कर सकता है। ईश्वरीय शक्ति और मानव-प्रयत्न के संयोग से ही इस युग-क्रांति को लाया जा सकता है।

—पं. रामनंदन मिश्र

('विचार शक्ति और संपूर्ण क्रांति' पुस्तिका से)

दो शब्द

यह मेरी कृति नहीं है। यह समाज-परिवर्तन की दिशा में सक्रिय विचारों का उनके विकसित होते गए परिप्रेक्ष्य में संयोजन मात्र है। इन विचारों का स्रोत महापुरुषों की वे शिक्षाएँ हैं, जिनमें एक नए मनुष्य के सृजन को संभव बनाने वाले कारक-तत्त्वों का उद्घाटन हुआ है। समग्र परिवर्तन का आह्वान करती ये शिक्षाएँ मनुष्य और समाज के आमूल रूपांतरण की दिशा का बोध कराने वाली हैं। इन सबके केंद्र में वर्तमान जीवन है। युद्ध, विखंडन, स्पर्धा, हिंसा, स्वार्थ और लोलुपता से भरी दुनिया को अस्वीकार करने का अर्थ है—मानस व हृदय के आमूल परिवर्तन की दिशा में नए सिरे से विचार करना। इस प्रकार के विचारों को सुव्यवस्थित रूप में सामने लाने का यह विनम्र प्रयास है। इस क्रम में श्रीरामकृष्ण परमहंस, महात्मा गांधी, रवींद्रनाथ ठाकुर, श्रीअरविंद, रमण महर्षि, आचार्य विनोबा भावे, जे. कृष्णमूर्ति, रामनंदनजी प्रभृति महापुरुषों की शिक्षाओं को यहाँ विशेष रूप में स्थान मिला है।

इसके लिए मैं इन महापुरुषों की पुस्तकों के प्रकाशकों के प्रति हार्दिक कृतज्ञता व्यक्त करता हूँ। विशेषकर श्रद्धेय श्री निर्भय राघव मिश्र (पूज्य बाबूजी के सुपुत्र एवं संचालक नवभारत प्रकाशन, लहेरिया सराय) का आभारी हूँ, जिन्होंने पूज्य बाबूजी की पुस्तकों से विपुल सामग्री का उपयोग करने की अनुमति दी।

यह संपूर्ण सामग्री हिंदी दैनिक 'प्रभात खबर' में प्रकाशित हो चुकी है। इसे पुस्तकाकार प्रकाशित कराने का विचार कृती संपादक हरिवंश भाईजी का ही था। उनके प्रति कृतज्ञता व्यक्त किए बिना नहीं रहा जाता।

श्रद्धेय भाईजी (उदय राघव, अन्ना) की प्रेरणा और मार्गदर्शन के बिना तो यह कुछ भी न हुआ होता। उन्हें अपना सादर प्रणाम भेंट करता हूँ!

—राजेश

आने दो, आ रहे नए को, जाएँ, गड़े, पुराने,
बाहर करो झूठ को, सच को, दो, भीतर आ जाने।
धीरे-धीरे मरे पुराने मकसद, अब, मर जाएँ,
सड़ी, पड़ी, आदतें, दलों के धंधों की झर जाएँ।
और खरें हों नियम, और भी मीठे तौर-तरीके,
और नेक जिंदगी, और भी अच्छे काम खुशी के।
छोड़ो कुल का दंभ बड़प्पन, खून नस्ल के झूठे,
सब के हित का एक योग कर, उठो रहो मत रूठे।
करो खत्म बीते युग की जंगी सिलसिले हजारों,
शांति अयुत वर्षों के सुख को भू पर धरो सँवारो।
और उदार हृदय हो, कोमल और दया के हों कर,
और हौसले बड़े और ऊँची आजादी दो भर।
नारायण के सखा—और भी पूर्ण और भी दानी,
नर के उर में विश्व-पुरुष की घर-घर हो अगवानी।
विदा करो धरती से तम के गुजरे गए जमाने,
नया पुत्र प्रभु का आने को चलो साथ ले आने।

(अंग्रेज कवि टेनिसन की कविता का हिंदी अनुवाद)

अनुक्रम

1

परिवर्तन की भूमिका आयाम और दिशा

परिवर्तन एक ऐसा सत्य है जिसे समझने-बूझने, अनुभव करने के लिए ज्ञानी होने की आवश्यकता नहीं। कोई भी मनुष्य आसानी से इस सत्य का अनुभव कर सकता है कि इस जगत् में जो कुछ भी है, वह परिवर्तनशील है।

परिवर्तन नंगी आँखों से दीख पड़नेवाला सत्य है और मन की आँखों से भी अनुभव-गम्य है। किसी महान् दार्शनिक ने कहा है, "चेंज इज द ओनली रियलिटि इन द वॅर्ल्ड।"

मनुष्य का मन बदलता है, शरीर बदलता है, समाज बदलता है, विश्व की भौगोलिक सीमाएँ बदलती हैं, प्रकृति भी बदलती है। ऐसा लगता है जैसे परिवर्तन ही इस पूरी सृष्टि का एकमात्र लक्ष्य हो।

किंतु इस परिवर्तन के अनेक पक्ष हैं। परिवर्तन की दिशा, उसका एक पक्ष है। परिवर्तन की गति, उसका दूसरा पक्ष। परिधि और विस्तार, यह तीसरा पक्ष है परिवर्तन का। परिवर्तन का चौथा पक्ष होगा, उसका परिमाण (Magnitude)।

एक तो स्वाभाविक गति होती है परिवर्तन की। हम चाहें न चाहें बदलते ही हैं। बचपन, यौवन, वार्धक्य के अनुरूप हमारा शरीर बदलता है। मन की वृत्तियाँ बदलती हैं। कुछ पहले की भावनाएँ शिथिल पड़ जाती हैं, कुछ नई भावनाएँ जोर पकड़ लेती हैं। समाज के रूप-रंग, विश्वास और मान्यताएँ बदल जाती हैं। युद्धों के कारण अथवा अन्यान्य कारणों से भौगोलिक सीमाएँ बदल जाती हैं।

लेकिन कई हजार वर्षों में परिवर्तन का एक विश्वव्यापी कार्यक्रम बनता और कार्यान्वित होता है। इसका उद्‌देश्य होता है मानव-जाति को एक नए स्तर पर संघटित करना। यह एक ऐसा विराट् परिवर्तन होता है जिसकी कोख में व्यक्ति, समाज, विश्व, प्रकृति, जड़, चेतन, सबकुछ समा जाते हैं। एक ऐसा परिवर्तन, जो

सिर्फ नई दिशा ही नहीं देता, बल्कि हमारे सामने चेतना के नए आयाम खोल देता है। अनुभव की सीमाएँ विस्तृत हो जाती हैं। जीवन को नई परिभाषा, नया अर्थ हम देने लगते हैं। मानव-चेतना नई आस्था और विश्वास का संबल प्राप्त करती है।

परिवर्तन या बदलाव के पीछे अनेक प्रकार की शक्तियाँ कार्य करती हैं। मुख्य रूप से इन्हें हम चार बिंदुओं में विभाजित कर सकते हैं :

1. स्वेच्छा से,
2. परिस्थिति से बाध्य होकर,
3. क्रांति या जन-आंदोलन के कारण और
4. ईश्वरीय प्रेरणा से।

मनुष्य होने के नाते स्वाभाविक तो यही था कि स्वेच्छा से किया गया परिवर्तन ही प्रमुखता से घटित होता। हम अपने जीवन, अपने आचरण के प्रति जागरूक रहें। उसकी समीक्षा करते रहें। उसमें अपेक्षित सुधार-परिष्कार लाते रहें। अध्ययन, मनन, चिंतन, सत्संग के माध्यम से जो बातें ठीक लगें, जँच जाएँ, हमें यह लगे कि हममें परिवर्तन की आवश्यकता है तो उसे स्वीकार करने में, जीवन में उतारने में हमें कोई द्विधा न हो, विलंब न हो, एक बुद्धि-संपन्न प्राणी के रूप में मनुष्य से यह सहज ही अपेक्षा की जाती है।

किंतु आज के मनुष्य के मन में व्यवसाय-बुद्धि घर कर गई है और वह हर चीज को भौतिक लाभ-हानि के तराजू पर तौलकर स्वीकार या इनकार कर देता है। इस दृष्टि से वह प्रवाह के साथ बहना अधिक पसंद करता है। और यदि परिवर्तन प्रवाह के विपरीत चलने की माँग कर रहा हो, भौतिक दृष्टि से हानि उठाने की स्थिति पैदा कर रहा हो तो हम स्वेच्छा से बदलने के लिए तैयार नहीं होते। हम अपनी राह चलते रहते हैं।

आज का मनुष्य तामसिकता से ग्रस्त है। वह अनेक प्रकार की शारीरिक-मानसिक लतों का शिकार है और यह जान-समझकर भी कि इससे उसका जीवन तबाह हुआ जा रहा है, वह उस व्यसन का त्याग नहीं कर पाता। उसकी इच्छा-शक्ति और संकल्प-शक्ति जैसे लचर और पिलपिली हो चुकी है।

आज वह दोहरे मापदंड के जाल में उलझ गया है। एक ओर उसकी बुद्धि है, जो जीवन के ऊँचे मूल्यों के प्रति सहज ही आकर्षित होती है और उसकी सराहना करती है; दूसरी ओर उसकी वासनाएँ हैं जो भोग से, लत से उसे उबरने

नहीं देतीं। जो वह मानता है, जिसकी वह सराहना करता है, उसे भी वह अपने जीवन व्यवहार में ला नहीं पाता। और तब अन्य की ओर देखने लगता है।

किंतु स्वेच्छा से परिवर्तन का मार्ग कभी भी बंद नहीं होता। कम संख्या में ही क्यों न हो, समाज में ऐसे लोग आज भी देखने को मिल जाते हैं, जिनके जीवन में मार्गदर्शक तत्त्व न्यायप्रियता, सदाचार और मूल्य भावना रहते हैं। वे अपने ही आदर्शों के निकष पर स्वयं को कसते रहते हैं।

ऐसे लोग जो स्वेच्छा से परिवर्तन का मार्ग ग्रहण कर लेते हैं, वे ही सही अर्थों में मनुष्य कहलाने के अधिकारी हैं और मानवता के पथ प्रदर्शक भी।

एक सचेतन प्राणी होने के नाते मनुष्य परिस्थिति का निर्माण भी करता है, किंतु कितनी ही बार परिस्थितियाँ ऐसा विकट रूप ले लेती हैं कि वे हमें परिवर्तन के लिए बाध्य कर देती हैं। परिस्थितियों ने बड़े-बड़े जन समूहों को विस्थापित तक होने के लिए बाध्य कर दिया है। मथुरा और उसके आसपास की परिस्थिति प्रतिकूल हो जाने पर स्वयं भगवान् श्रीकृष्ण ने बड़े पैमाने पर संपूर्ण ब्रजवासियों को सैकड़ों मील दूर समुद्र तट पर स्थित द्वारका में विस्थापित होने की प्रक्रिया का नेतृत्व किया।

पर्यावरण-संतुलन बिगड़ रहा है, पृथ्वी के तापमान में वृद्धि हो रही है, हरियाली पट्टी सिमट रही है, कंक्रीट के जंगल फैल रहे हैं, ओजोन की परत में छिद्र बड़ा हो रहा है। भूमि, जल, वायु सभी प्रदूषित हो रहे हैं, ये सब मिलकर निश्चित रूप से एक ऐसी परिस्थिति पैदा कर रहे हैं, जिसमें वर्तमान सभ्यता, इसकी धरोहरें, उत्पादन के साधन, जीवन-शैली, जीवन-दृष्टि-सबकुछ में आमूल परिवर्तन आना अवश्यंभावी है।

प्रकृति प्रदत्त साधनों की सीमा, जनसंख्या-विस्फोट और मनुष्य की घोर स्वार्थपरक दृष्टि, इनके कारण जो परिस्थिति पैदा हो चुकी है, उसमें हमारे लिए परिवर्तन की स्पष्ट चेतावनी सुनाई दे रही है।

मनुष्य को प्रभावित करने, बदलने में परिस्थिति की भूमिका अत्यंत महत्त्वपूर्ण है।

आज की सामाजिक परिस्थिति अनेक प्रकार के दबावों का सृजन कर रही

है। लड़कियों को लेकर परिवार में जिस प्रकार असुरक्षा की भावना भरती जा रही है, उनके विवाह में परिवारवालों को जितनी मुसीबतों का सामना करना पड़ता है, येन् केन् प्रकारेण् दहेज की मोटी रकम की व्यवस्था करनी होती है, इन सब ने मिलकर लोगों के भीतर संतान के रूप में कन्या-प्राप्ति के प्रति भय का संचार कर दिया है और वे गर्भकाल में ही आगत शिशु का लिंग-परीक्षण करा, यदि कन्या हुई तो उससे मुक्ति पाने का उपाय ढूँढ़ लेते हैं। इस प्रकार के कुकृत्यों का परिणाम यह आया है कि समाज में, लड़कों के अनुपात में लड़कियाँ कम पड़ने लगी हैं। अब यह संभव दिखने लगा है कि आनेवाले समय में समाज में लड़कियों की माँग बढ़ेगी, उनका सम्मान बढ़ेगा, दहेज जैसी समस्याएँ विदा लेंगी। यहाँ तक की बहुपत्नीत्व की तर्ज पर बहुपतित्व का प्रचलन भी चल पड़े तो यह आश्चर्य की बात नहीं होगी।

हिंदू समाज में प्रचलित अस्पृश्यता की संकुचित भावना भी बदलती हुई सामाजिक परिस्थिति में कमजोर पड़ती जा रही है। बावजूद इसके कि हमारा मन छोटा और संकीर्ण हुआ है, बाजार के विस्तार ने, बड़े पैमाने पर उत्पादन की प्रक्रिया ने, व्यापक स्तर पर घटित हुए शहरीकरण ने विभिन्न तबकों के लोगों को एक जगह इकट्ठा होने, रहने, काम करने और इसलिए निकट होने के लिए बाध्य किया है। आरंभ में हम अपने अंदर जो परिवर्तन परिस्थितियों से बाध्य होकर करते हैं, आगे चलकर वह हमारे स्वभाव का, सहज व्यवहार का हिस्सा बन जाता है।

क्रांतियाँ जनाकांक्षा का ही प्रतिफलन होती हैं। जनता की आकांक्षा को स्वर देनेवाला, उनके भीतर चेतना का जागरण करनेवाला, उनकी शक्ति और ऊर्जा को सही दिशा में, सही समय पर, एकजुट करनेवाला नेतृत्व जब पैदा होता है, तो क्रांति होती है। ऐसी क्रांतियाँ एक बड़े स्तर पर समाज के स्वरूप में, जनता के जीवन में परिवर्तन ला देती हैं। ऐसी क्रांतियों से एक नई जन-भावना का निर्माण होता है। फ्रांसीसी क्रांति, रूसी क्रांति इसके उदाहरण हैं।

छोटे-बड़े जन-आंदोलन भी कभी-कभी सामान्य जन-जीवन पर गहरा असर छोड़ते हैं। भारतीय पुनर्जागरण की पुनरुत्थानवादी (रिवाइवलिस्ट) और सुधारवादी (रिफॉरमिस्ट) आंदोलनों ने भारतीय जनता पर गहरी छाप छोड़ी। मध्यकालीन अंधकार में फले-फूले रूढ़ियों, कुरीतियों, कुसंस्कारों, अंधविश्वासों, भेद-भाव, कूपमंडूकपन इत्यादि पर इन आंदोलनों ने सीधा प्रहार किया और एक प्रगतिशील

दृष्टि का संचार किया।

महात्मा गांधी ने भारत की स्वाधीनता के लिए जिन आंदोलनों का नेतृत्व किया उनसे भी भारतीय जन चेतना गहरे रूप में प्रभावित हुई और जीवन के सांस्कृतिक उन्नयन की ओर उसकी दृष्टि फिर से आकृष्ट हुई। विनोबाजी के भूदान आंदोलन के दरम्यान भी 'दिलों को जोड़ने' और बड़ा करने का अभूतपूर्व प्रयास हुआ।

जीवन-परिवर्तन की दृष्टि से क्रांतियों, जन-आंदोलनों की प्रभावी भूमिकाएँ इतिहास के पन्नों में दर्ज हैं और नया जीवन-निर्माण करने में इनकी सहायता किसी-न-किसी रूप में मिलती ही है।

परिवर्तन का सबसे विशद और मौलिक आयाम उद्घाटित होता है, ईश्वरीय प्रेरणा से। पं. रामनंदन मिश्रजी ने कहा था कि सामान्य क्रांतियों के लिए तीन बिंदुओं का एकत्र होना आवश्यक है—

- अनुकूल परिस्थिति,
- योग्य कार्यकर्ता और
- कुशल नेतृत्व।

किंतु इसके साथ जब ईश्वरीय प्रेरणा या दैवी शक्ति का प्रत्यक्ष योगदान होता है तो युग-क्रांति घटित होती है, जो पूरे युग में परिवर्तन ला देती है। इस प्रकार के परिवर्तन का असर पूरी जीवन-दृष्टि पर पड़ता है और एक बड़े काल-खण्ड तक दृष्टिगोचर होता है।

भगवान् श्रीराम ने 'राम-राज्य' की स्थापना की, भगवान् श्रीकृष्ण ने 'धर्म-राज्य' की। भगवान् बुद्ध, भगवान् महावीर, ईसा मसीह, हजरत मुहम्मद, नानक देव आदि संदेष्टाओं के माध्यम से ईश्वरीय प्रेरणा एक बड़े जन-समुदाय के जीवन में परिवर्तन लाने में सक्षम हुई।

ईश्वरीय प्रेरणा सही मायने में संपूर्ण क्रांति का वाहक होती है। वह एक नई समाज-व्यवस्था, सांस्कृतिक दृष्टि, जीवन-पद्धति, आचार-शास्त्र और आदर्श प्रेरणाओं का एक साथ प्रणयन् करती है, जिन्हें हम प्रचलित भाषा में नूतन धर्म की स्थापना का कार्यक्रम कहते हैं।

इतिहास का वह काल-खंड सबसे महत्त्वपूर्ण होता है जब बदलाव की प्रेरणा देनेवाली सभी शक्तियाँ एकजुट हो जाती हैं और हमसे यह अपेक्षा करती हैं कि हम इन शक्तियों की प्रेरणा को ग्रहण कर स्वेच्छा से अपने भीतर परिवर्तन ले आने की तत्परता का परिचय दें। अगर ईश्वरीय प्रेरणा, भौगोलिक, प्राकृतिक, सामाजिक परिस्थिति, सामान्य जनता के हृदय में उबाल लेती मुक्ति की कामना मानव-जीवन को बदलने के लिए प्रेरित कर रहे हों और इसे समझकर हम भी स्वेच्छा से अपने जीवन में परिवर्तन लाने की कोशिश प्रारंभ कर दें तो व्यापक स्तर पर घटित होने वाली परिवर्तन की प्रक्रिया न केवल जल्द पूरी होगी, बल्कि कम कष्ट पहुँचाने वाली, कम विनाशकारी भी होगी। अन्यथा इस प्रकार की युग-परिवर्तनकारी बदलाव की प्रक्रिया भयानक उथल-पुथल की सृष्टि कर देती है। प्रकृति क्षुब्ध होकर विनाशकारी रूप ले लेती है। व्यापक स्तर पर जान-माल की हानि होती है। भगवान् एक-एक कर हर वह चीज हमसे छीन लेता है, जिसकी आसक्ति और मोह-मद में हम इस प्रकार के पाप में संलग्न होते हैं। कुछ समय के लिए धरती लुटी-पिटी, सूनी और उजड़ी हुई दिखाई देने लगती है।

नया गढ़ने के लिए पुराना तोड़ना पड़ता है। नव-निर्माण के लिए प्राचीन का ध्वंस आवश्यक है। निश्चय ही यह प्रक्रिया अत्यंत हृदय-द्रावक होती है। किंतु हमारे ही जिन कुकृत्यों के चलते इस पूरी सृष्टि पर महा-विनाश का खतरा उत्पन्न हो जाता है, उसका शोधन संहार और ध्वंस के विराट् आयोजन के बिना संभव नहीं है। वस्तुतः यह प्रकृति का विनाश (डिस्ट्रक्शन) कार्य नहीं, संशोधन (करेक्शन) कार्य है।

इस युगांतरकारी परिवर्तन के मुहाने पर हम अकस्मात् नहीं पहुँच जाते। सैकड़ों वर्षों से इसकी भूमिका तैयार होती रहती है। ज्ञानी जन, संतजन, दार्शनिक, चिंतक इस ओर इंगित करते रहते हैं। हमें प्रस्तुत रहने के लिए कहते रहते हैं। घटनाएँ घटती रहती हैं हमारी आँखों के सामने। हम उनका अर्थ समझते भी हैं। फिर भी हम आवश्यक परिवर्तन नहीं लाते।

मानव-मन आदतन 'स्टेटस-को' (status-quo) पसंद करता है। वह जिस अवस्था में है उसी में रहना चाहता है। वह बदलना नहीं चाहता। फलतः धीरे-धीरे हम एक ऐसी परिस्थिति की ओर बढ़ने लगते हैं, जो परिवर्तन के लिए हमें बाध्य कर देती है।

आज की परिस्थिति पर हम गौर करें तो पाएँगे कि व्यक्तिगत जीवन की बात हो या पारिवारिक, सामाजिक जीवन, विश्व की परिस्थिति हो, भौगोलिक-प्राकृतिक परिस्थिति हो, शासन-व्यवस्था हो, शिक्षा-चिकित्सा का क्षेत्र हो, सबकुछ समग्र रूप में, व्यापक स्तर पर परिवर्तन खोज रहा है। परिस्थिति बन चुकी है, जो परिवर्तन के लिए हमें बाध्य कर रही है। एक सर्वतोमुखी आमूल-चूल बदलाव की अनिवार्यता आज के मनुष्य के लिए अस्तित्व का प्रश्न बन गया है।

एक दबाव सा बन रहा है। एक छटपटाहट सी महसूस की जा रही है। एक बेचैनी घर कर रही है। हम समझ रहे हैं, साधारण मानव समझ रहा है कि जो हो रहा है, वह ठीक नहीं है। लेकिन वह समझ नहीं पा रहा कि यह सब बदले कैसे? कहाँ जाए? क्या करे? साधारण मानव निरुपाय, निरुत्तर सा शून्य में हाथ-पाँव पटकता दिख पड़ रहा है। हम हाथ पर हाथ धरे शासन, राजनीतिक पार्टियाँ, समाज-व्यवस्था, पारिवारिक परिस्थिति, मानव-मन हर जगह फैली गंदगी को देख रहे हैं। हम प्रतिदिन निर्दोष लोगों को मरते हुए देख रहे हैं, आत्महत्या करते हुए देख रहे हैं; किंतु हम कुछ कर नहीं रहे हैं। बम विस्फोटों में लोगों के मरने की खबर टी.वी. पर देखकर, समाचार पत्रों में पढ़कर हम अपने दैनिक कार्य-कलापों में संलग्न हो जाते हैं। किसानों द्वारा, सामान्य और प्रतियोगी परीक्षाओं के कारण उत्पन्न तनाव से ग्रस्त होकर विद्यार्थी द्वारा की जा रही आत्म-हत्याएँ, भूख से होने वाली मृत्यु की खबरें जैसे हमपर अपना असर ही नहीं डाल पा रही हैं। हम भोथरे हो गए हैं। हमारी संवेदना समाप्त हो चुकी है। हम शायद मनुष्य ही नहीं रह गए हैं। मानव पशु, आहार, निद्रा, भय और मैथुन से संतुष्ट है। हम सोच भी नहीं रहे हैं। हमारी चिंतन प्रक्रिया जैसे कुंठित हो गई है। हमारी आँखों के सामने रिश्ते बिखर चुके हैं। फिर भी हम उन्हें सँवारने-बनाने की कोशिश नहीं करते। वस्तुतः इन सब बातों को लेकर हम गंभीर ही नहीं हैं। हम येन-केन-प्रकारेण भोग पाना चाहते हैं, भोग में डूबे रहना चाहते हैं। सत्ता का नशा हो या धन का, यौवन का नशा हो या सौंदर्य का, हम किसी-न-किसी नशे में डूबे रहना चाहते हैं। जिनके पास ये नशे नहीं हैं, वे शराब, भाँग, चरस, अफीम, कोकीन, ड्रग्स इत्यादि के नशे का सहारा लेते हैं।

यह साफ हो चुका है कि परिवर्तन अब चुनाव का विषय नहीं, अवश्यंभावी बन चुका है। दीवार पर की लिखावट अब स्पष्ट है। अब तो वैज्ञानिक भी हमें सावधान करने लगे हैं कि हमने अपनी जीवन पद्धति नहीं बदली तो हम अपने घर से विस्थापित हो जाएँगे।

पैबंद से अब काम नहीं चलनेवाला। छोटे-बड़े कई परिवर्तनों को पिछले सौ-पचास वर्षों में हमने देखा है। लेकिन अब इन छोटे-मोटे परिवर्तनों से, चिप्पियों से काम नहीं चलनेवाला।

जो गलतियाँ हुई हैं, जो भूलें हमने की हैं, उनका तो परिणाम हमें भुगतना ही पड़ेगा। कर्म-फल का सिद्धांत, कारण-कार्य की तरह एक वैज्ञानिक नियम है। इससे पलायन संभव नहीं। यहाँ न कोई स्पष्टीकरण माँगनेवाला है, न स्पष्टीकरण देने की आवश्यकता है। इसलिए प्राकृतिक या भौगोलिक स्तर पर जो फेर-बदलाव हो रहे हैं या होनेवाले हैं, उन्हें टाला नहीं जा सकता। लेकिन हम अपने व्यक्तिगत जीवन को, पारिवारिक जीवन को, समाज को, पूरे विश्व को, एक नई दिशा दे सकते हैं। हम प्रयास कर सकते हैं ऐसे पथ पर आगे बढ़ने का, जिस पर चलते हुए कम-से-कम पिछली गलतियाँ न हों, वे भूलें न हों, जिन्होंने व्यक्ति को, परिवार को, समाज को, विश्व को, प्रकृति को नुकसान पहुँचाया है।

परिवर्तन एक ऐसी प्रक्रिया है, जिसमें 'सफरिंग'—तकलीफ होती है। बिना तकलीफ उठाए, कष्ट किए, वेदना सहे परिवर्तन संभव नहीं। और परिवर्तन जितना व्यापक होगा, तकलीफ, वेदना, कष्ट भी उतने ही अधिक होंगे। ये समानुपाती हैं।

परिवर्तन व्यक्ति के स्तर पर होगा, समाज के स्तर पर होगा, विश्व के स्तर पर होगा और ये सब एक के बाद एक नहीं, बल्कि एकसाथ होंगे। यह अवश्य है कि व्यक्ति और परिवार के स्तर पर यह परिवर्तन जरा जल्दी दृष्टिगोचर होगा, जबकि समाज और विश्व के स्तर पर-एक व्यापक स्तर पर दृष्टिगोचर होने में उसे वक्त लगेगा। लेकिन इस समय को घटाया भी जा सकता है यदि बड़ी संख्या में मानव इकाई परिवर्तन के विविध पहलुओं को स्वीकार कर, शीघ्रतापूर्वक अपना ले।

हमें अच्छी तरह यह देखना होगा कि वे कौन-कौन से मुख्य कारण रहे, जिनसे आज की यह परिस्थिति निर्मित हुई। हमें देखना-समझना होगा कि हम जिस पथ को चुनें उस पर चलते हुए हमसे पुरानी भूलें न दुहराई जाएँ। वैसे भी

'नानुपमृद्य प्रादुर्भावात्'—उपमर्दन के बिना प्रादुर्भाव संभव नहीं। पुराने को समाप्त किए बिना नए का निर्माण संभव नहीं है। नया कमजोर रह जाएगा, यदि उसकी नीव पुरातन से खड़ी की जाएगी।

गत के साथ-साथ हमें गंतव्य का भी ठीक-ठीक आकलन करना होगा। वर्तमान एक ऐसा क्षण है, जिसपर भूत और भविष्य दोनों की छाया पड़ती है। और इसलिए वर्तमान ही वह उपयुक्त भूमि है, जिसपर खड़े होकर हमें अपने भावी विकास का सही आकलन हो सकता है। हमारा वर्तमान संकटापन्न है। इस संकट को यदि हम अच्छी तरह देख-समझकर, गहराई में जाकर उसके सामाजिक कारणों, परिणामों से रू-ब-रू होकर, उसके संदर्भ में मानव-अस्तित्व का जायजा ले सकेंगे तो उसी में इस संकट से मुक्ति पाने, नए पथ का अवलंब ग्रहण करने में हम सक्षम हो सकेंगे। समस्या के भीतर ही उसका समाधान छिपा होता है। अगर आप सावधान हैं, सही दिशा में चिंतन करने में सक्षम हैं तो भविष्य की दिशा आप समझ सकेंगे और नई दिशा का स्पष्ट चित्र आप खींच सकेंगे।

चिंतन की इस वस्तुपरक प्रक्रिया से गुजरकर तैयार की गई भविष्य की रूपरेखा कोई काल्पनिक सृष्टि या वर्तमान से पलायन का हेतु नहीं होती। इसके विपरीत वर्तमान की ठोकर पर ठोकर खाकर भी जिनका मन सँभलता नहीं, सजग-सावधान होकर अपने विचार, आचरण, कार्य-पद्धति की जो समीक्षा नहीं करते, अपने जीने, सोचने, समझने का ढंग नहीं बदलते, वस्तुतः उनकी चेतना जीवन की वास्तविकताओं के प्रति प्रमादग्रस्त एवं पलायनगामी हुई समझनी चाहिए।

हर विचार का अपना एक ऋतु—'सीजन' होता है। रामकृष्ण परमहंस, विवेकानंद, गांधी, विनोबा, रवींद्रनाथ, रमण महर्षि, श्रीअरविंद, कृष्णमूर्ति, रामनंदन तथा अन्य महापुरुष वर्तमान और भावी युग का समग्र आकलन कर अपने विचार हमें दे गए। लेकिन उन विचारों का 'सीजन' नहीं आया था। इसलिए अबतक उनके चिंतन और प्रयोग अपने भीतर निहित क्रांतिकारी परिवर्तन की आग नहीं सुलगा सके। अव्यवस्था के पेट से व्यवस्था का जन्म होता है। गरमी बहुत अधिक बढ़ती है तो वर्षा आती है। रात्रि का अंधकार घना होता है तो सुबह की रोशनी फैलती है।

आज की भयावह परिस्थिति इस बात का संकेत है कि मौसम बदल रहा है और जो विचार-बीज दबे पड़े थे, उनके अंकुरण फूटनेवाले हैं। ऐसे समय में हमसे भी यह अपेक्षा है कि हम यह पहचानें कि कौन से विचार-बीज अंकुरित होकर हमारे पथ पर हमारी यात्रा में सहायता करेंगे और कौन से अनुपयोगी अथवा हानिकारक सिद्ध होंगे।

यह स्पष्ट है कि परिवर्तन हमारे व्यक्तिगत जीवन को, पारिवारिक जीवन को, सामाजिक जीवन को, देश को, विश्व को, प्रकृति को सबको प्रभावित करेगा और इसलिए इन सब पर हम चिंतन करेंगे, चर्चा करेंगे। इतने बड़े स्तर पर होनेवाले परिवर्तन को विनोबाजी के शब्दों में 'युग-प्रवाह और काल-प्रवाह' दोनों का समर्थन चाहिए और रामनंदनजी के शब्दों में 'भगवत्-शक्ति' का समर्थन।

□

2

व्यक्ति परिवर्तन की दिशा पशुता से मनुष्यता की ओर

श्रुति और पुराण कहते हैं कि मनुष्य की रचना कर ब्रह्मा को बड़ा आनंद हुआ। मनुष्य के रूप में पहली बार उन्होंने एक ऐसे प्राणी की रचना की, जिसमें यह क्षमता है कि वह खुद को जान सकता है, पहचान सकता है, उसका धर्म क्या है, यह समझ सकता है। उसके पास सदसद्विवेचनी बुद्धि है। वह खुद को अपने शरीर से अलग कर सकता है अर्थात् 'मैं देह नहीं हूँ', ऐसा अनुभव कर सकता है। फिर, वह देह नहीं है तो क्या है, जैसे गूढ़ प्रश्न उसके आगे खड़े होते हैं। इस प्रश्न का उत्तर खोजने के क्रम में उसकी उच्चतम आध्यात्मिक यात्रा शुरू होती है। इसलिए जिसे हम अध्यात्म कहते हैं, वह एक प्राणी के रूप में अपनी मनुष्यता प्राप्त करने की, मनुष्य के प्रयासों के पीछे काम करनेवाली उदात्त प्रेरणाओं का नाम है। जो मनन कर सकता है वह मनुष्य है। देह-सुख में तृप्त प्राणी मनन के क्षेत्र में प्रवेश नहीं कर सकता। जब हमारी दृष्टि देहातीत के क्षेत्र में प्रवेश करती है, तब हमारी मनुष्यता परिभाषित होती है। इस प्रकार की क्षमता से संपन्न प्राणी की रचना कर ब्रह्मा को आनंद होना स्वाभाविक ही था।

इस सृष्टि में मनुष्य ही एक ऐसा प्राणी है, जिसे कहना पड़ता है, 'मनुष्य बनो।' इनसान ही वह पशु है (देह पशु ही है), जिसे कहना पड़ता है कि इनसान बनो। अन्य पशुओं को नहीं कहना पड़ता, कुत्ते को नहीं कहना पड़ता कि कुत्ता बनो, बिल्ली को नहीं कहना पड़ता कि बिल्ली बनो। इसकी आवश्यकता क्यों हुई कि इनसान को समझाना पड़े कि इनसान बनो। यह इसलिए कि मनुष्यता, पशुता से मुक्त होने पर ही प्राप्त होती है। मनुष्य का देह होने मात्र से कोई मनुष्य

है, ऐसा नहीं। मनुष्य जिस देह में रहता है वह पशु है और पशु के मौलिक संस्कारों—आहार, निद्रा, मैथुन और भय से ग्रस्त है। जब तक मनुष्य इस देह-पशु के प्रभाव से अपने को मुक्त नहीं कर लेता, वह मनुष्य है—ऐसा संपूर्णतया मान लेना संभव नहीं।

पशु के देहस्थ संस्कारों के अलावा उसके स्वभावगत संस्कारों—क्रोध, हिंसा, स्वार्थ, इत्यादि से भी मनुष्य की चेतना प्रभावित रहती है। इन सब कारणों से मनुष्य को कहना पड़ता है कि मनुष्य बनो, क्योंकि यदि उसने सावधानी नहीं दिखाई तो मनुष्य होते हुए भी वह पशु के संस्कारों के प्रभाव में आचरण करता हुआ दिखेगा।

आप जरा आज के समाचार-पत्रों में छपनेवाली खबरों पर नजर डालें, टी.वी. पर दिखाए जाने वाले खबरों, धारावाहिकों से रू-ब-रू हों तो आपको यह स्पष्ट होगा कि आज का मानव, देह-पशु के संस्कारों से कितना प्रभावित है। आज के इनसान ने इन पशु संस्कारों को तृप्त करने के क्रम में उन सभी उच्चतर मानव-मूल्यों का साथ छोड़ दिया है, जिनसे उसकी मनुष्यता पोषित होती थी। हमने धनोपार्जन के लिए प्रत्येक श्रेष्ठ अवदानों को खरीद-बिक्री की वस्तु बना डाला। सभी उच्चतर और पवित्र मूल्यों, प्रेरणाओं का धनोपार्जन के लिए उपयोग किया है। यहाँ तक कि साधु-संत, मंदिर-मठ भी धन-मान-प्रतिष्ठा के अर्जन के क्रम में उन सभी मूल्यों, आदर्शों, विचारों, संस्कारों का व्यवसाय करते दीखते हैं, जो इनसानिसत की पहचान हैं।

बड़े-बड़े संगठनों को खड़ा करने के क्रम में ये साधु-संत भूल गए कि सभी शुभ और पवित्र प्रेरणाएँ, साधना के अंग और अनुभव, सबकुछ व्यवसाय की, क्रय-विक्रय की परिधि में आ गए। इन संगठनों में आपसी होड़ लग गई कि कौन अपने लिए अधिक ग्राहक प्राप्त करता है। व्यावसायिक उत्पादों की तरह इन संगठनों द्वारा बाजार में उतारे गए योग और अध्यात्म के फॉर्मूलों का भव्य रूप में प्रचार और विज्ञापन होने लगा।

मनुष्य आज एक ऐसा व्यापारी बन गया है, जिसके पास की हर चीज बेच देने को वह तत्पर है, यदि उसका ऊँचा मूल्य उसे प्राप्त हो सके।

आज प्रत्येक व्यक्ति को यह विचार करना है कि क्या वह मनुष्य रह गया है? क्या उसके अंदर मानवीय गुण दिख रहे हैं? क्या उसके व्यवहार में इनसानियत का परिचय मिल रहा है? यहाँ हम प्रश्न ही कर सकते हैं। उत्तर तो हर एक को अपने

अंत:करण में देना है। लेकिन ये प्रश्न ऐसे नहीं हैं, जिन्हें दिन के किन्हीं आराम के क्षणों में, कमरे के एकांत में, एक सुखद और अनुकूल परिस्थिति में हम पढ़ लें और उसका कुछ-न-कुछ उत्तर ढूँढ़कर, औचित्य निर्धारण कर, अपने मन को संतोष दे लें।

ये प्रश्न ऐसे हैं, जिन्हें हर व्यक्ति को प्राय: हर हाल में, घर में, कार्यालय में, सड़क पर, ट्रेन में, बस में प्रत्येक स्थिति में स्मरण करना चाहिए और खुद को इन प्रश्नों के आधार पर तौलना चाहिए। अपनी प्रत्येक सोच की, प्रत्येक कदम और आचरण की पड़ताल करते हुए यह देखना-समझना चाहिए कि उसके पीछे किस प्रकार की प्रेरणाएँ कार्य कर रही हैं और इसके द्वारा हमारा कैसा स्वरूप बन और व्यक्त हो रहा है।

अपने को जानना-समझना, मनुष्य होने के नाते हमारा अनिवार्य कर्तव्य है।

यहाँ कुछ प्रश्न दिए जा रहे हैं जिनके भीतर मनुष्यता के विविध पक्षों की ओर संकेत किया गया है। इन प्रश्नों का ईमानदारीपूर्वक उत्तर देना और फिर अपने उत्तर के आलोक में अपना मूल्यांकन कर, अपनी सोच और आचरण की नई दिशा निर्धारित करना, यदि हम आवश्यक समझेंगे तो इसका अर्थ होगा कि हमारे भीतर का इनसान अभी जिंदा है और उसका रूप सँवारने की हमारी इच्छा, इसे और भी पुख्ता करेगी, इसमें शक नहीं!

- क्या हम अपने सुख से सुखी रहते हैं या समाज के अन्य सदस्यों के दु:खों को भी अनुभव करते हैं?
- क्या हम अपने ही दु:ख से दु:खी हैं या समाज के अन्य सदस्यों के दु:खों को भी अनुभव करते हैं, उनके दु:ख में शरीक होते हैं और उन्हें दूर करने की चेष्टा करते हैं?
- क्या हम स्वयं कष्ट उठाकर भी दूसरों के सुख का प्रबंध करने की चेष्टा करते हैं?
- क्या हम दूसरों को कष्ट देकर भी स्वयं सुख प्राप्त करने की चेष्टा करते हैं?
- क्या हम केवल पाना ही चाहते हैं धन, मान, प्रतिष्ठा हो या प्यार, अपनत्व और सहयोग?

अपने अंतर से ये प्रश्न पूछें और इनका ईमानदारीपूर्वक उत्तर देने की चेष्टा करें।

ये कुछ और प्रश्न हैं, जिन्हें हमें अपने आप से पूछना चाहिए।

- हम दूसरों की अपूर्णताओं के प्रति कितने संवेदनशील हैं? क्या उनके प्रति आंतरिक सहानुभूति का अनुभव हम करते हैं? या वे मेरे निकट उपहास का पात्र हैं? क्या उनके निकट हमारी उपस्थिति उन्हें आश्वस्त करती है? या वे हमसे आतंकित, सशंकित हो उठते हैं?
- अपने से भिन्न जाति, धर्म, भाषा, क्षेत्र, देश, संस्कृति, सामाजिक-आर्थिक हैसियतवालों के प्रति हम किस प्रकार का नजरिया रखते हैं? उनके लिए आंतरिकता और लगाव का अनुभव करते हैं? अपने पास उनका होना हमें भाता है?
- क्या हम इतने स्वार्थी हैं कि अपनी आवश्यकता से सैकड़ों-हजारों गुणा संग्रह करना हमें जरा भी अनुचित नहीं लगता? क्या आसपास की बदहाली देखकर हमें अपने बाहुल्य और समृद्धि पर लज्जा आती है? इस बदहाली को हम दूर करने की चेष्टा करते हैं?
- क्या हम इतने संवेदनशील हैं कि हमारे व्यवहार से अन्य को यदि कष्ट पहुँच रहा हो तो अपने व्यवहार को शिष्ट और संयत करने की कोशिश करें?
- क्या अपनी कामना-वासना की मात्रा पर हमारा नियंत्रण है?
- क्या दूसरों की उन्नति से हमारे भीतर ईर्ष्या-द्वेष की भावना जग पड़ती है?
- क्या, धन, विद्या, स्वास्थ्य, सौंदर्य इत्यादि के आधार पर हमें गर्व का अनुभव होता है?

इन प्रश्नों को दरकिनार कर हम अपनी मनुष्यता का सच्चा परिचय नहीं प्राप्त कर सकेंगे।

मनुष्य होने के नाते हमें अपनी इच्छाओं, अभिरुचियों, प्रवृत्तियों की ठीक-ठीक समझदारी और परख होनी चाहिए। क्या हम वह हर काम करते चले जाएँगे, जिसे करने में हमें सुख मिलता है और जिसे करने की सुविधा हमें प्राप्त है? या कोई काम हम इसलिए टाल देंगे, क्योंकि उसे करने में हमें प्रतिरोध का, समस्याओं का सामना करना पड़ेगा? क्या कोई काम हम हाथ में लें या न लें, इसका आधार उसकी सफलता-असफलता या हानि-लाभ की संभावना होगी या हम यह सोच कर कोई काम हाथ में लेंगे कि वह करनीय है, भला है?

हमें देखना होगा कि क्या हमारे जीवन में मात्रा का निर्धारण है? अर्थात् हमें कितना खाना चाहिए, कितना सोना चाहिए, कितना खर्च करना चाहिए? हमें कितना

बड़ा या कितना छोटा मकान चाहिए? गाड़ी की आवश्यकता है भी या नहीं?

हम अपने अधीन काम करनेवाले कर्मचारियों, सेवकों के साथ कैसा व्यवहार करते हैं? उनकी सुख-सुविधाओं, भावनाओं, जीवन संबंधी माँगों के प्रति कितना ध्यान देते हैं?

ये सारी बातें बहुत ही महत्त्वपूर्ण और प्रासंगिक हो गई हैं, क्योंकि आज के हमारे आचरण और व्यवहार से मनुष्यता पर प्रश्न चिह्न लग गया है।

आज की परिस्थिति में मनुष्यता की पड़ताल करनेवाले प्रश्नों का सामना कर अपनी स्थिति का पता लगाना और अपनी जिम्मेदारी तय करना हमारा सबसे महत्त्वपूर्ण कर्तव्य बन गया है। क्योंकि हमसे यह कम-से-कम अपेक्षा है कि हम इस धरती पर इनसान की तरह व्यवहार करें। अब तक इस ओर हमने लापरवाही बरती है और अपने जीवन-व्यवहार में हम यह नहीं दर्शा पाए हैं कि हमारे अंदर की मनुष्यता न केवल अक्षुण्ण है, अपितु हमारे क्रिया-कलापों के माध्यम से वह खुद को प्रकाशित भी करती रहती है। हम मन से इतने संकीर्ण हो चुके हैं कि परिवार टूट रहा है। शारीरिक रूप से अशक्त और अनुपयोगी हो चुके परिवार के वृद्ध सदस्यों के प्रति उपेक्षा, अनादर और तिरस्कार का बरताव प्रचलन का रूप ले चुका है। हम अपनी नियति से परिचित होकर भी कि हमारे वृद्ध होने पर हमारे बच्चे भी हमारे साथ वैसा ही व्यवहार करेंगे, हम चेतते नहीं, सँभलते नहीं। कानून बनाकर वृद्धों के सम्मान को परिवार में वापस लौटाने की चेष्टा न केवल हास्यास्पद है, बल्कि इस तथ्य का प्रमाण भी है कि हमें मनुष्यवत् आचरण करने के लिए भी भय का अंकुश चाहिए। विनोबा ने कहा था, "समाज में किसी शक्ति का शासन न हो, सद्विचार का अनुशासन हो।" आज स्थिति यह है कि हमें अपने नैसर्गिक कर्तव्यों का पालन करने के लिए भी कानून या समाज के भय की आवश्यकता महसूस होती है।

एक सभ्य और प्रबुद्ध समाज कानून का मुहताज नहीं होता। हमारे आचरण, सोच और व्यवहार की मूल प्रेरणाएँ, हमारे निज की प्रकृति और प्रवृत्ति से जन्म लेती हैं। हम कानून की पुस्तक पढ़कर अपने व्यवहार का स्वरूप नहीं निर्धारित करते! हम मनुष्य हैं तो मनुष्यवत् आचरण करना हमारा स्वभाव होना चाहिए। हम चोरी नहीं करेंगे तो किसलिए? हत्या नहीं करेंगे तो किसलिए? क्या इसलिए कि ऐसा करने पर हम कानून की दृष्टि से मुजरिम ठहराए जाएँगे और फिर हम पर डंड-विधान लागू होगा? क्या हमारे भीतर की इनसानियत हमें ऐसा करने से नहीं रोकेगी?

अगर हमारी इनसानियत इतनी कमजोर है, क्षीण है कि हमारे आचरण को दिशा देने में उसकी कोई भूमिका नहीं रह गई है तो उसके होने का कोई अर्थ नहीं रह जाता! कानून और दंड-विधान होते हैं उन थोड़े से लोगों के लिए, जो व्यापक जन-भावना और आचार के विरुद्ध आचरण करते हैं। उनसे समाज में विशृंखलता न पैदा हो जाए, समाज के आचार-विचार और मर्यादाएँ अक्षुण्ण बनी रहें, इसलिए अपराध और दंड की कानूनी प्रक्रियाएँ हैं। किंतु व्यापक समाज ही आत्म-नियंत्रण और मानवीय मर्यादाओं को तिलांजलि दे, दुराचार में लिप्त हो जाए, तो सभी प्रकार के कानून और दंड-विधान की प्रक्रियाएँ अप्रभावी होकर रह जाएँगी। आज अगर यही स्थिति दिखाई देती है तो इसका अर्थ है, समाज ने व्यापक रूप में अपनी सहज मानवीय प्रेरणाओं के प्रति आँखें मूँद ली हैं और अपनी मनुष्यता का विसर्जन कर दिया है।

मनुष्य का एक विशेष गुण है—सहिष्णुता। यह प्रेम का आनुषंगिक रूप है। अपने से भिन्न जाति, धर्म, भाषा, रहन-सहन के ढंग, खान-पान, व्यवहार के तौर-तरीके, अभिरुचि, सामाजिक स्तर, यहाँ तक कि विचार और भावना रखने-प्रदर्शित करनेवालों के प्रति सौहार्द और उदारता का परिचय देना, उन्हें बराबर का सम्मान देना, यह मनुष्य होने का विशेष परिचय है। मनुष्य में सहानुभूति का सहज गुण होता है। वह अपनी अनुभूति के सहारे अन्य की अनुभूति की न केवल प्रतीति कर लेता है, बल्कि उसके प्रति भी उसी प्रकार संवेदनशीलता का अनुभव करता है, जिस प्रकार वह स्वयं की भावनाओं, विचारों के प्रति। हम यह सहज ही समझ सकते हैं कि जिस प्रकार हममें अपने देश, भाषा, धर्म, परंपरा, संस्कृति, अभिरुचि आदि एवं विचार, भावना, आचरण के प्रति एक प्रकार का स्वाभाविक लगाव होता है, उसी प्रकार सबों का अपने सांस्कृतिक सरोकारों से लगाव होना भी स्वाभाविक है। अत: उनके प्रति हमारे मन में किसी भी प्रकार की वर्जना का भाव होना हमारी मनुष्यता का निषेध करेगा। ऐसे भी हमारा यह देश बहुभाषी, बहु-सांस्कृतिक देश है। इस बहुलतावादी देश में जन्म लेकर, पल-बढ़कर, शिक्षित-दीक्षित होकर भी यदि दूरी, अलगाव, वर्जना या घृणा की भावना हम रखते हैं तो यह हमारे लिए लज्जाजनक बात होगी। संकीर्ण चित्त में स्वस्थ मानसिकता का वास नहीं होता। आज की परिस्थिति यही है कि हम जाति, वर्ग, संप्रदाय, विद्या, धन, भाषा एवं अनेक आधारों पर टूट चुके हैं, बँट चुके हैं, बिखर चुके हैं।

आज का समाज धन की पूजा करता है। यह ठीक है कि यहाँ लक्ष्मी को देवी का स्थान प्राप्त है और वह शुरू से ही पूजी जाती रही है। किंतु वह लक्ष्मी, विष्णु के चरणों की सेवा करती दीख पड़ती है। और भगवान् का एक नाम है 'सर्वम्'। वह सबमें है। यह संपूर्ण सृष्टि, यह व्यापक समाज भगवान् ही है। इसलिए जिस लक्ष्मी की पूजा का विधान इस देश में रहा है, वह 'बहुजन-हिताय, बहुजन-सुखाय' समर्पित रहनेवाली देवी है।

लेकिन आज अपने लिए धन बटोरनेवाले को समाज प्रतिष्ठित करता है। यह लक्ष्मी की उपासना नहीं, स्वार्थ और अहं की उपासना है, देवी की नहीं, विशुद्ध धन की उपासना है, धनिकों की उपासना है। यह धन किस प्रकार उपार्जित किया जाता है और किन कामों में उपयोग में लाया जाता है, यह हम देखते ही नहीं। और इससे समाज में भयानक विशृंखलता की सृष्टि होती है। धन कमाने के क्रम में सभी प्रकार के मूल्यों को ताक पर रख दिया जाता है, शोषण और उत्पीड़न का सहारा लिया जाता है तथा इस प्रकार अधर्म से अर्जित धन का उपयोग अपने भोग के साधन एकत्रित करने, अपना साम्राज्य बड़ा करने, अपने पाप और अपराध को ढकने एवं शोषण की व्यवस्था को कायम रखने में किया जाता है।

इस प्रकार इस एकांतिक धनोपासना ने इस समाज पर, समाज के स्वस्थ स्वरूप पर सबसे भीषण प्रहार किया है, इसकी चूलें हिला दी हैं।

आज हम केवल यही सोचते हैं कि मेरा लाभ किसमें है? दिन-रात यही सोचते रहते हैं कि मेरी नौकरी कैसे हो, व्यवसाय किस तरह हो, कैसे मैं उन्नति करूँ, किस तरह मेरे प्रभाव में वृद्धि हो, अधिक-से-अधिक ऐशो आराम का प्रबंध कर सकूँ! ऐसा हम इसलिए करते हैं कि हमारे अंतर का केंद्र-बिंदु है 'मैं'। क्या यह केंद्र-बिंदु बदल सकता है? 'मैं' की जगह विश्व आ सकता है? क्या यह विचार हमारे हृदय में जम सकता है कि मेरा संसार आज दुःखी है, रो रहा है? अज्ञान से रो रहा है, रोग से रो रहा है, भोजन के बिना रो रहा है। क्या हम सोच सकते हैं कि आज मेरे संसार में हाहाकार मचा हुआ है? रामनंदनजी लिखते हैं, "ऐसा प्रेम यदि आपके हृदय में जगता है तो वह भगवत् प्रेम में बदल जाएगा।...भगवान् और विश्व एक हैं। विश्व की आराधना ही भगवान् की आराधना है।"

वस्तुतः यह जीव का ईश्वर भाव में जाना है। मेरे अंदर ईश्वर नहीं, मैं ही ईश्वर में समा गया हूँ और ईश्वर में समाकर, ईश्वर की भावना से अनुप्राणित होकर

हमें सोचना है कि यह विश्व हमारा है, हमारे इस विश्व का क्या होगा? इस विश्व का नव-निर्माण हमें करना है। दोनों भाव साथ लेकर रहना है कि शक्ति भगवान् की है, सबकुछ करनेवाला वही है और साथ ही यह भाव कि भगवान् का कार्य हमें करना है। हमारे जीवन का प्रेरक वही है। अपना सबकुछ उसके चरणों में अर्पित कर इस काम में लग जाना है कि इस संसार को हम कैसे बदलें।

□

3

परिवार : शील और स्वभाव की आधारशिला का निर्माण

परिवार व्यक्ति की प्रथम पाठशाला है। व्यक्ति के भीतर के सबसे गहरे संस्कार, परिवार द्वारा ही प्रदत्त होते हैं। व्यक्ति परिवार में जन्म लेता है, वहीं पलता-बढ़ता है और धीरे-धीरे अपने चारों ओर के वृहत् जीवन को देखता-समझता है। उसकी दृष्टि के विकास में पारिवारिक वातावरण का योगदान अहम है। अगर हम गौर करें तो पाएँगे कि व्यक्ति के स्वभाव के निर्माण में परिवार की भूमिका अत्यंत महत्त्वपूर्ण है। पारिवारिक सदस्यों के बीच के संबंधों, एक-दूसरे के प्रति व्यवहारों, बातचीतों, जीवन-यापन के तौर-तरीकों की व्यक्ति के मानस-निर्माण में अत्यंत प्रभावी भूमिका होती है। इसी नींव पर आगे चलकर व्यक्ति सामाजिक वातावरण का प्रभाव ग्रहण कर अपने व्यक्तित्व को आकार प्रदान करता है। किंतु समाज के प्रभाव से वह किस रूप में और कितना प्रभावित होगा, यह बहुत हद तक इस बात पर निर्भर करता है कि उसका पारिवारिक माहौल किस प्रकार का रहा है और उस माहौल में वह कितना संलग्न होकर रहा है।

इसलिए एक व्यक्ति के जीवन-निर्माण में परिवार के वातावरण का आधारभूत योगदान होता है। यद्यपि परिवार स्वयं समाज की ही एक इकाई है और वह सामाजिक परिस्थिति से कटा नहीं रह सकता। किंतु मानवीय विवेक और संवेदना के आधार पर अभिभावक, समाज में व्याप्त बुराइयों से, पारिवारिक जीवन को बचाकर रखने की भरसक कोशिश करते हैं और इस क्रम में परिवार, समाज की धारा के बीच एक द्वीप की तरह खड़ा दीखता है। आज के इस घोर नैतिक रूप में दरिद्र सामाजिक परिस्थिति के बीच भी यदि नैतिक और शालीन व्यक्तियों का दर्शन होता है तो इसमें उसके पारिवारिक वातावरण की अहम भूमिका है।

हमें परिवार की कुल जीवन-शैली पर गहराई से ध्यान देना होगा। परिवार में कौन-कौन से सदस्य हैं? कितने लोग हैं? उनका आपस में कैसा व्यवहार है? परिवार की जीवन-चर्या (रूटीन) कैसी है? समय और संयम का कितना खयाल किया जाता है? हम कितना सोते हैं, कितना आराम करते हैं, कितना श्रम करते हैं, कितना खाते हैं, क्या-क्या खाते हैं? मनोरंजन में कितना समय जाया होता है? मनोरंजन के साधनों का स्तर कैसा है? कंप्यूटर, टी.वी., म्यूजिक सेट, मैगजीन आदि में हम कितना समय देते हैं? घर में अवकाश का समय हम किस प्रकार व्यतीत करते हैं? क्या सामूहिक रूप में बैठना, गपशप करना, सामूहिक रूप में मनोरंजन से आनंदित होना हमें अच्छा लगता है? या परिवार के सभी सदस्य अपने-अपने शौक और 'हॉबीज' में मशगूल अपने में जीते हैं? क्या परिवार, सामाजिक परिस्थिति का ही अनुकरण किए जा रहा है, सामाजिक धारा में बहा जा रहा है या वह समाज में व्याप्त बुराइयों के प्रति सजग है और वह अपने स्तर पर, अपने जीवन में उन बुराइयों का दृढ़तापूर्वक प्रतिरोध कर रहा है? समाज की जो परिस्थिति है, देश-दुनिया के जैसे हालात हैं, उनके प्रति परिवार में कितनी जागरूकता है? उन हालातों से वह खुद को कितना जुड़ा हुआ पाता है और उनके प्रति कितनी जिम्मेदारी का अनुभव करता है? क्या पारिवारिक गप-शप में, सामाजिक समस्याओं से संबंधित मुद्दे शामिल रहते हैं? उनके लिए कुछ करने का जज्बा परिवार के सदस्यों में दिखाई देता है?

ये कुछ मोटे-मोटे बिंदु हैं, जिन्हें परिवार के संबंध में विचार करते हुए हमें ध्यान में रखना चाहिए।

परिवार का मूल वैशिष्ट्य है—दूसरों के लिए जीना सीखना। व्यक्ति के भीतर छिपी सामूहिकता का परिचय, परिवार के भीतर स्वाभाविक रूप में प्राप्त होता है। आधुनिक खोजों से यह सिद्ध हुआ है कि मनुष्य मूलतः दूसरों के प्रति लगाव रखनेवाला, दूसरों के कुशल-क्षेम के लिए सक्रिय रहनेवाला प्राणी है। परिवार में मनुष्य का यह स्वभाव सहज रूप में दिखाई देता है। परिवार के सदस्य एक-दूसरे के सुख के लिए सहज ही प्रयत्नशील रहते हैं। परिवार के भीतर किसी व्यक्ति विशेष का सुख-दुःख नहीं होता, पूरे परिवार का सुख-दुःख होता है।

किंतु आज हालात बदल रहे हैं। सामूहिक परिवार विघटित हो गया। परिवार छोटा होता हुआ, 'यूनिट फैमिली' पति-पत्नी-बच्चे, तक सिमट गया है। माँ-बाप

अलग छूट गए हैं या साथ हैं भी तो उपेक्षित और अनावश्यक अंग की तरह तथा ये गिनती के सदस्य भी अपनी-अपनी जिंदगी जी रहे हैं। उनकी अपनी निजता (प्राइवेसी) होती है और उसकी वे हर कीमत पर रक्षा करते हैं। निजता में दखल देना उन्हें सह्य नहीं। महानगरीय परिवेश में तो पति और पत्नी की भी अपनी निजता होती है और वे भी एक-दूसरे की निजता में ताक-झाँक पसंद नहीं करते। बच्चों की अपनी दुनिया होने लगी है। दो बच्चे हैं, तो उनके अलग-अलग कमरे। उनकी भी अपनी निजता। माता-पिता उनकी माँगों की पूर्ति किए जा रहे हैं और बस। वे अपनी तरह से अपने शौक के अनुरूप बड़े हो रहे हैं। और उनके शौक निर्मित हो रहे हैं, कंप्यूटर की इंटरनेट सेवा द्वारा मुहैया कराई जा रही दुनियाभर की जानकारियों, परिचयों से, टी.वी. कार्यक्रमों से, फिल्मों से, सामाजिक प्रचलनों, फैशनों से तो यह सब न घर है, न परिवार। व्यक्तियों का एक छत के तले रह लेना मात्र परिवार नहीं होता। परिवार में प्रत्येक की जिंदगी दूसरे की जिंदगी में घुलीमिली होती है। उसमें साथ-साथ जीने की खुशियाँ और गम शामिल रहते हैं। यह साथ शारीरिक स्तर से भी कहीं अधिक भावनात्मक स्तर पर होता है। साथ होने का यह सुखद अहसास चुक गया, या इसने अपना अर्थ खो दिया, तो परिवार अर्थहीन हो गया।

परिवार की मूल भित्ति का निर्माण होता है सामूहिक जीवन में। हमें इस ओर विशेष रूप में सचेष्ट रहना होगा कि इस सामूहिकता पर किसी भी ओर से आघात न होने पाए। सामूहिकता का टूटना अर्थात् परिवार का टूटना। यह सामूहिकता लादी हुई नहीं होनी चाहिए। इस सामूहिकता का आधार है परिवार के सदस्यों के बीच सहज लगाव का होना। साथ-साथ खाना, गप-शप करना, मनोरंजन के पल साथ बिताना, ये ही सब तो पारिवारिक जीवन के, गृहस्थ जीवन के सुख हैं। परिवार में ये सुख यदि विद्यमान हैं तो उसके सदस्य अधिक स्वस्थ, प्रसन्नचित, मानसिक तनावों से रहित और समाजोन्मुख होंगे। इसके विपरीत यदि परिवार के सदस्य भी अपनी-अपनी अलग किस्म की जिंदगी जी रहे हैं तो उनके भीतर अकेलेपन की सभी तरह की व्याधियाँ सहज ही घर कर जाती हैं। उनकी प्रसन्नता बहुत ही सतही होती है, जो जरा सा आघात पाकर, छिन्न-भिन्न हो जाती है।

साथ-साथ भोजन करना, मनोरंजन के पलों में सहभागी होना, अवकाश के क्षणों में साथ होना, सामाजिक परिस्थितियों, देश-दुनिया की स्थिति पर सामूहिक चर्चा में भाग लेना, सामूहिक प्रार्थना-कीर्तन आदि में सम्मिलित होना, ये परिवार

की सामूहिकता को पोषित करते हैं। घर की सामूहिकता ही हमारे भीतर व्यापक समाज के स्तर पर भी सामूहिक भावनाओं के विकास में सहायक होनेवाली हैं। वस्तुतः घर के सामूहिक वातावरण में पल-बढ़कर हमारे भीतर सहज रूप में सामूहिक जीवन के संस्कार बनते और मजबूत होते हैं।

आज परिवार का वातावरण मोह और भोग के पंक में डूबा है। माता-पिता के पास अपने बच्चों के लिए, पति-पत्नी के पास एक-दूसरे के लिए, मोह ही रह गया हैं। शुद्ध प्रेम आसक्ति की भेंट चढ़ गया है। इसलिए परिवार में धर्म-अधर्म का विवेक या तो है ही नहीं, या है भी तो वह विचारों या चर्चाओं तक सीमित है। आजीविका का प्रश्न हो, खर्च का प्रश्न हो, करणीय-अकरणीय का प्रश्न हो, तो धर्म-अधर्म विवेक अपनी कोई कीमत नहीं रखता।

गृहस्थ्य जीवन का आदर्श स्थापित होता है अनासक्ति के आधार पर। माता-पिता, अपने बच्चों के प्रति आसक्त होते हैं, तो वे उन्हें सही शिक्षा, अच्छे संस्कार नहीं देते, नैतिक-अनैतिक, धर्म-अधर्म का विवेक नहीं देते। सिर्फ वे उनकी इच्छाओं की पूर्ति किए जाते हैं। इस प्रकार वह बच्चा धीरे-धीरे अपनी मरजी के मुताबिक चलनेवाला, असहनशील, जिद्दी और अहंमन्य होकर, दूसरों के प्रति असंवेदनशील और अवज्ञापूर्ण बन जाता है। इस प्रकार के व्यक्ति से बने समाज में कभी भी शांति और सद्भावना, सदाचार एवं कर्तव्यपरायणता नहीं रह सकती। दूसरी ओर माता-पिता अनुशासन करते भी हैं तो सामाजिक प्रचलन के अनुसार कॅरियर बनाने, उन्हें पढ़-लिखकर ऊँचा ओहदा प्राप्त कराने और बेशुमार दौलत कमाने में सक्षम बना देने में ही अपना सारा पुरुषार्थ झोंक देते हैं। दोनों परिस्थितियों में समाज को एक स्वार्थी, आत्मकेंद्रित, अपने सुख में तृप्त, भोगी और असंवेदनशील मनुष्य की ही प्राप्ति होती है, जो आज की अधिकांश समस्याओं का मूल कारण है।

मोह और आसक्ति से रहित प्रेम का अर्थ है एक तो घेरा नहीं बनाना अर्थात् किसी के लिए प्रेम और किसी के लिए अप्रेम, ऐसा नहीं। प्रेम में भेद दृष्टि नहीं होती। हाँ, हमें जिनकी विशेष जिम्मेदारी मिली है उनके प्रति हमारा विशेष कर्तव्य है। फिर इस कर्तव्य के पालन में हम उनका सच्चा कल्याण किसमें है, यह विचार कर वैसा आचरण करेंगे। बच्चों को सर्वप्रथम एक अच्छा मनुष्य बनाना है, प्राणवंत, संवेदनशील, सत्य और न्यायपरायण, सबों के प्रति अपनत्व से भरे एक कर्तव्यनिष्ठ

मनुष्य के रूप में उसका विकास करना है। यह उनके प्रति माता-पिता के सच्चे प्रेम का परिचायक होगा।

~ ❀❀ ~

परिवार का वातावरण ऐसा होना चाहिए, जिसमें पल-बढ़कर व्यक्ति के भीतर सहज रूप में आध्यात्मिकता का बीजारोपण हो जाए। जिस किसी भी रूप में हो, जिस किसी भी नाम से हो, भगवान् का स्मरण, प्रार्थना और पूजा दैनिक जीवन का अभिन्न हिस्सा बनना चाहिए। परिवार के प्रत्येक सदस्य के जीवन में नियमित रूप से साधना का पुट रहना चाहिए। सुबह-शाम का कुछ समय विशेष रूप में भगवान् की आराधना में व्यतीत होना चाहिए। आपस की बातचीतों में, किन्हीं समस्याओं के खड़ी हो जाने पर या किसी भी प्रकार का निर्णय लेने के वक्त हमारे व्यवहार से यह परिचय मिलना चाहिए कि हमारी ईश्वर पर निर्भरता है और वही हमारे जीवन का सूत्र-संचालन कर रहा है। हमारे जीवन में जो भी घटित हो रहा है, वह उसी की देन है। परमेश्वर के ऊपर जब इस प्रकार की जीवंत श्रद्धा बनेगी, तो पारिवारिक जीवन में शांति और संतोष का आगमन होगा, जो वास्तविक प्रसन्नता की कुंजी है।

आध्यात्मिकता का अर्थ है आत्मा पर आधारित। अतः उपासना या भगवत् श्रद्धा का वह रूप, जिससे भौतिकता ही पुष्ट होती हो, आत्मा का हनन होता हो, अध्यात्म विरोधी दिशा में हमें ले जाएगा। अपने इष्ट देव से सांसारिक वस्तुओं को पाने की कामना आधिदैविक साधना की ओर ले जाएगी। भगवान् के लिए ही भगवान् को पाने की कामना सच्ची भक्ति का आधार है। इसलिए बराबर सावधान रहना चाहिए कि साधना के आधार में मिलावट न आ जाए। धार्मिकता का अर्थ है एक ओर प्रकृति और समाज के नियमों को स्वीकार कर सांसारिक जीवन को मर्यादित भाव से चलाना, दूसरी ओर विश्व चेतना से व्यक्तिगत चेतना का संबंध जोड़ना अर्थात् विज्ञान और अध्यात्म का सच्चा मिलन मानव जीवन में लाना।

~ ❀❀ ~

परिवार व्यक्ति और समाज के बीच का पड़ाव है। परिवार के भीतर सहजीवन का आधार होता है। इस आधार पर निर्मित व्यक्ति के मानस में सामूहिक चेतना का सहज विकास होना चाहिए। किंतु आज परिवार व्यक्ति और समाज के बीच विभाजक तत्त्व बनकर उभरा है। व्यक्ति समाज के बनिस्पत परिवार की उन्नति और समृद्धि

में अपने पुरुषार्थ की इतिश्री समझता है। इतना ही नहीं वह परिवार की (भौतिक) खुशहाली के निमित्त असत्य, हिंसा, शोषण और किसी भी किस्म के भ्रष्टाचार को गले लगाने में नहीं हिचकता, जिससे सामाजिक माहौल दूषित होता है। इन सबका कारण है हमारा संकीर्ण पारिवारिक वातावरण, जो रक्त संबंध मात्र को 'अपनत्व' की भित्ति मानता है। रक्त संबंध के आधार पर संगठित इस सिकुड़े-सिमटे परिवार में अपने-पराए की भावना इतनी दृढ़ हो जाती है कि उसमें अपने के लिए सबकुछ और पराए के लिए कुछ नहीं की मानसिकता सर्वोपरि हो उठती है। फिर धीरे-धीरे रक्त संबंध का यह आधार भी सिमटता जाता है और इकाई परिवार (यूनिट फैमिली) में अत्यंत सीमित वातावरण की सृष्टि होती है, जिसमें मनुष्य की संवेदना कुंठित हो जाती है।

इसलिए घर में एक-दो ऐसे सदस्य हों, जिनका हमारे साथ कोई नजदीकी रक्त-संबंध न हो, मात्र प्रेम या जिम्मेदारी की भावना के अंतर्गत हमारा साथ बना हो, तो इससे घर के माहौल में खुलापन आता है, अपनत्व की नई भूमिका तैयार होती है। फिर घर में हमारी सेवा, परिचर्या करने के लिए जो सेवक रहते हैं, उनके प्रति भी हम ऐसी भावना रखें कि वे हमारे परिवार के ही सदस्य हैं। उनके सुख-दुःख के प्रति हम उतने ही संवेदनशील बनें जितने खुद के प्रति। उनके रहन-सहन, खान-पान, आदि में भी फर्क मिटा सकें तो सहज रूप में मानव मात्र के प्रति अपनत्व की भावना का विकास होने में मदद मिलेगी। अतिथियों का प्रफुल्लित मन के साथ स्वागत करना, अपने आसपास के समाज के हर तबके के लोगों का आना-जाना परिवार में हो, उनके साथ स्नेह-प्रीति का संबंध हो, ये सब हमारे अंतर की संकीर्णता को तोड़कर उसे विशद बनाने में काफी मददगार साबित होंगे।

आज के समाज में बूढ़े माँ-बाप के जीवन की स्थिति एक करुण दृश्य उपस्थित कर रही है। बूढ़े माँ-बाप आज के परिवार में अपनी प्रासंगिकता खो चुके हैं। उनका यथोचित सम्मान नहीं होता, सेवा नहीं होती। वे पूरी तरह उपेक्षित होकर रह गए हैं। इसने पारिवारिक जीवन की चूलें हिला दी हैं। इसने विवाह नामक संस्था पर भी प्रश्न चिह्न लगा दिया है और इसने मनुष्य की संवेदनशीलता के ताने-बाने को क्षत-विक्षत कर दिया है। घर में अपने बच्चे, माँ-बाप के बुढ़ापे का सहारा न बनेंगे, जब उनका शरीर असक्त हो रहा हो, उस समय उनकी सेवा-परिचर्या न करेंगे तो फिर इन सबके होने का क्या अर्थ? क्या मनुष्य यौन-सुख तृप्ति मात्र के

लिए विवाह करता और घर बसाता है, बाल-बच्चे पैदा करता है?

बच्चों के मानस के विकास में उनके माता-पिता द्वारा अपने माता-पिता के प्रति किए जा रहे व्यवहार का बहुत गहरा प्रभाव पड़ता है। बूढ़े पड़ चुके अपने दादा-दादी के प्रति अपने माता-पिता की उपेक्षा से उनके भीतर भी गहरे रूप में संबंधों की अर्थहीनता का भाव पनपता है और मतलबीपन का संस्कार दृढ़ होता है। इनके लिए सगे-संबंधी होने का अर्थ ढह जाता है और ये गहरे रूप में समाज में अवसरवाद की जड़ें मजबूत करने का कारण बनते हैं।

एक परिवार की पूर्णता के लिए जैसे बच्चे की उपस्थिति अनिवार्य है, उसी प्रकार बूढ़ों की भी। बूढ़े माँ-बाप के बिना, परिवार का वातावरण अपूर्ण रह जानेवाला है। उनकी गरिमामयी उपस्थिति, उनका विराट् जीवनानुभव, उनका सांसारिक जीवन से क्रमशः निःसंग होता मन, पूरे परिवार के लिए नैतिक और आध्यात्मिक खाद बनता है। परिवार में बड़ों में ही नहीं, बच्चों में भी बूढ़ों की सेवा-परिचर्या के प्रति जागरूकता को बढ़ावा मिलना चाहिए। सेवा पूजा ही है। सेवा कैसे करें। कोई बीमार है तो उसकी किस प्रकार देखभाल करें। परिवार के सदस्यों को इसकी अच्छी जानकारी होनी चाहिए और इस ओर प्रवृत्त होने की सहज इच्छा भी। यह भी सुशिक्षा का ही अंग है।

~❀❀~

परिवार का जीवन-स्तर आय के अनुरूप न होकर आवश्यकता और मूल्य आधारित होना चाहिए। सामान्य प्रचलन यही है कि जैसे-जैसे आय बढ़ती जाती है परिवार का जीवन स्तर ऊँचा उठते-उठते विशुद्ध भोग परायण बन जाता है। अपने आसपास फैले अभाव और दरिद्रता के बीच भी हम अपनी सुख-सुविधाओं में बेतहाशा वृद्धि किए जाते हैं और इसका गौरव भी करते हैं।

इसके विपरीत परिवार में सादा जीवन उच्च विचार की भावना का विशेष रूप में स्थान होना चाहिए। जिसके हृदय ने सच्चाई से सरलता और सादगी को स्वीकार कर लिया है, उसके जीवन के व्यवहार में स्वतः एक सीमा रेखा बन जाती है। व्यक्ति की अंतःप्रेरणा स्वतः आवश्यकता की सीमा जहाँ बना दे, वही उसके जीवन के लिए यथेष्ट है। आवश्यकता और भोग के बीच में एक और स्तर है, जिसे उपभोग कहते हैं। आवश्यकता से उठकर जीवन का व्यवहार यदि उपभोग में चला भी जाए तो बहुत हानि नहीं। परंतु किसी भी तरह, भोग के स्तर में जीवन का व्यवहार नहीं जाना चाहिए।

शादी-ब्याह के अवसर पर बेतहाशा खर्च करने की प्रवृत्ति पर भी अंकुश लगाना होगा। इसके अलावा जन्म, मुंडन, श्राद्ध आदि अवसरों को अत्यंत सीमित रूप में और सादगी के साथ संपन्न करना चाहिए।

पारिवारिक खर्च पर सीमा बाँधने के साथ-साथ आय का एक निश्चित भाग उनकी आवश्यकताओं की पूर्ति पर खर्च होना चाहिए, जो अभावग्रस्त या विपदा ग्रस्त हों। परिवार के सदस्यों की यह सोच बननी चाहिए कि अपनी आय और समय का कुछ हिस्सा उन कार्यों में लगना चाहिए, जिनसे हमारे किसी भी प्रकार के स्वार्थ की पूर्ति नहीं होती। इस प्रकार निःस्वार्थ भाव से, मानवीयता के धरातल पर जीने का अनुभव आएगा तो परिवार के भीतर मनुष्यता के विकास का मार्ग प्रशस्त हो सकेगा।

महान् आध्यात्मिक मूल्यों की प्रतिष्ठा और अवधारणा सद्‌गृहस्थों के ही परिवार में संभव है। इसके लिए प्राचीन रूढ़िवादी मान्यता के अनुसार परिवार और समाज का त्याग अनावश्यक है। किंतु अनासक्ति के आधार पर ही गृहस्थ जीवन में धर्म-भावना और आध्यात्मिकता का समावेश होता है। अनासक्त-गार्हस्थ्य-धर्म पर आधारित परिवार, आध्यात्मिक मूल्यों को सहज ही धारण करते हैं।

परिवार का वातावरण दूषित होता है, मोह और आसक्ति के कुपरिणामों से। माता-पिता अपने बच्चों से आसक्त होते हैं तो उनकी सुख-सुविधा और भौतिक उन्नति को प्रधानता देते हैं, और इसके लिए न केवल स्वयं येन-केन-प्रकारेण धन-संचय का रास्ता अपनाकर कुमार्गगामी बनते हैं, बल्कि बच्चों में भी इसी प्रकार की दुष्प्रवृत्तियों का बीजारोपण कर देते हैं। यह सब होता है, स्वजनासक्ति और देहासक्ति के कारण।

इसके विपरीत एक सद्‌गृहस्थ यदि अनासक्त रहकर अपनी जिम्मेदारियों का पालन यह समझकर करता है कि पत्नी, पुत्र या पुत्री के रूप में भगवान् ने एक जिम्मेवारी उस पर सौंपी है और उसे पूर्ण ईमानदारी और सत्य-निष्ठा के साथ, इस जिम्मेदारी का पालन करना है तो वह सम्यक आजीविका का मार्ग ग्रहण कर सात्विक जीवन-यापन का वातावरण घर में बनाएगा और बच्चों में सद्‌गुणों के विकास की पूरी चेष्टा करेगा। ऐसे परिवार में आध्यात्मिक मूल्यों की सहज ही प्रतिष्ठा हो सकेगी।

अनासक्त-गार्हस्थ्य-धर्म की यह माँग है कि आय के बढ़ने पर भी व्यक्तिगत या पारिवारिक व्यय को न बढ़ाते हुए, शेष बचे धन का उपयोग भगवत्-प्रेम रूप मानव-सेवा में किया जाए। अनासक्त-गार्हस्थ्य-धर्म पर आधारित परिवार में विश्व-प्रेम के आधार पर मानव-सेवा दैनिक दिनचर्या का अंग बनना चाहिए। गृहस्थ जब स्वजनों से आसक्त होता है तो वह समाज से टूटकर अपने परिवारवालों के लिए एकांत स्वर्ग रचने की मोहांधता का शिकार हो,अपनी मानवीयता का ही गला घोंट देता है। वह समाज को लूटकर अपने घर का किला पुख्ता करते जाने की अनवरत् चेष्टा में मग्न हो जाता है।

इसलिए एक स्वस्थ और समुन्नत समाज का निर्माण तभी हो सकता है, जब अनासक्त भाव से अपनी जिम्मेदारियों का पालन करनेवाले सद्गृहस्थों द्वारा संचालित परिवार उसकी इकाई बने। इस प्रकार के समाज में व्यक्ति, परिवार और समाज के बीच किसी भी प्रकार का विरोध या स्पर्धा की स्थिति नहीं रहेगी और व्यक्ति, परिवार की प्रारंभिक पाठशाला से गुजरकर सहज ही समाज के व्यापक वातावरण में अपनी सेवा देगा और स्वयं भी पुष्टि हासिल कर सकेगा। 'हम सबके हैं,सब हमारे हैं' की भावना ही एक सभ्य और सुसांस्कृतिक समाज की रचना का आधार बन सकता है, और एक अनासक्त अंतर में ही इस प्रकार के भाव परिशुद्ध रूप में प्रतिष्ठित हो सकते हैं।

□

4

समाज परिवर्तन : वृहत् आयाम

व्यक्ति और समाज दोनों एक-दूसरे पर आधारित होते हैं। अगर समाज का हित व्यक्ति नहीं सोचेगा, तो व्यक्ति का भी हित नहीं सधेगा। व्यक्ति का विकास नहीं हुआ, तो समाज का भी विकास नहीं होगा। जैसे ताना और बाना दोनों ओत-प्रोत होते हैं, वैसे ही समाज और व्यक्ति का संबंध है। अतः समाज-परिवर्तन की प्रक्रिया व्यक्ति और परिवार में आने वाले परिवर्तन के साथ-साथ चलती है। समाज का व्यक्ति के निर्माण में महत्त्वपूर्ण योगदान होता है अवश्य, किंतु समाज यदि परिवर्तन खोज रहा हो तो इसकी शुरुआत व्यक्ति के स्तर पर ही होती है। धीरे-धीरे ऐसे परिवर्तनकामी व्यक्तियों का एक समूह खड़ा होता है, जो समाज में बदलाव की प्रेरणा का संचार कर, सामूहिक चित्त को प्रभावित करने लगता है।

इसलिए समाज-परिवर्तन के अंतर्गत जिन बिंदुओं की चर्चा होगी, उनका संबंध व्यक्ति और परिवार के साथ भी उतना ही घनिष्ठ होगा और इन सभी इकाइयों को समेटकर परिवर्तन की विशाल धारा मानव-जीवन को धारण करनेवाले हर पक्ष को अपने बहाव में ले लेगी। इसलिए समाज-परिवर्तन का अर्थ है मनुष्य का सांस्कृतिक उन्नयन। एक सांस्कृतिक मनुष्य ही समाज-परिवर्तन का स्वप्न देखता है और अपनी आदर्श प्रेरणाओं के अनुरूप नए समाज का रूप गढ़ता है।

मार्क्स ने कहा था कि कम्युनिज्म का ध्येय है, "प्रत्येक व्यक्ति अपने सामर्थ्य के अनुसार समाज को देगा और समाज प्रत्येक व्यक्ति की आवश्यकता की पूर्ति करेगा।" (From everyman according to his capacity, to everyman according to his needs.) किंतु यह ध्येय भौतिकवादी आर्थिक मनुष्य कभी पूरा नहीं कर सकता। भौतिकवाद के आधार पर पूँजीवाद चल सकता है, समाजवाद

नहीं। व्यक्ति पूँजीवादी पद्धति से कारखाने चलाकर भौतिक सुख की आराधना करता है। विश्व-प्रेम और अध्यात्म के आधार पर पूँजीवादी कारखाने नहीं चल सकते। अंतर में भौतिकवाद और बाहर समष्टिवाद, 'कंट्राडिक्शन इन टर्म्स' है। सबके हृदय में एक ही नारायण बसता है, सारे विश्व के अंतर में एक ही आत्मा का वास है, इस सर्वात्मवाद की स्वीकृति समष्टि भाव को दृढ़ आधार देती है।

केंद्रीकरण, यंत्रपूजा, शस्त्रनिष्ठा और शोषण, पूँजीवाद की इन चार बातों में से तीन को कायम रखते हुए चौथी को टालने का प्रयास साम्यवाद ने किया। यह एक मोह चक्र है। यह समझना मुश्किल नहीं होना चाहिए कि पहली तीन बातों के साथ चौथी, टालने पर भी, आ ही जाती है। इसलिए साम्यवाद के स्थान पर साम्ययोग का आधार ग्रहण करना होगा। दोनों में अंतर यह है कि साम्यवाद आत्मा की एकता को नहीं मानता, जबकि साम्ययोग का आधार है आत्मा की एकता, अखंडता और व्यापकता का भान सतत जाग्रत् रखकर चित्त से 'स्व', 'पर' के भेद का निरसन। जब हम एक बुनियादी आध्यात्मिक विचार ग्रहण करते हैं, तो जीवन की प्रत्येक शाखाओं पर उसका असर होता है।

साम्ययोग में परमेश्वर से योग है, यानी हर चीज को ईश्वर के साथ जोड़ना। 'सर्वत्र परमेश्वर है' यह मानकर उसके आधार पर समाज खड़ा करना साम्ययोग है। भगवान् ने हमें जो बुद्धि, शक्ति, और समृद्धि दी है, वह समाज की सेवा के लिए है। उसका एकांत भोग करना अनुचित है। समाज को समर्पण करने के बाद ही हम उसे भोग सकते हैं। उपनिषदों ने यही बात कही है, ''ईशावास्यमिदं सर्वं यत्किंच जगत्यां जगत्। तेन त्यक्तेन भुंजीथा...'' अर्थात् यह समस्त जगत् ईश्वरमय है और उन्हें समर्पण करके ही प्रसाद के रूप में उसका भोग करना चाहिए।

श्रीमद्भागवत् पुराण में उत्तम भक्त का लक्षण बतलाते हुए कहा गया है कि जो सबमें अपने को और भगवान् को, भगवान् में सबको और अपने को और अपने में सबको और भगवान् को देखता है, वही उत्तम भक्त है। इस प्रकार, भेद-बुद्धि का सर्वथा परित्याग कर, सर्वत्र आत्म-दर्शन या हरि-दर्शन की भवाना जब बनती है तब समाज में सच्ची समता और करुणा के दर्शन होते हैं। अन्यथा समता या स्वामित्व-विसर्जन ऊपर से थोपी हुई चीज बनकर रह जाएगी और थोपी हुई चीज कभी भी टिकाऊ नहीं होती। इसलिए सामाजिक समरसता तभी कायम हो सकती है, जब व्यक्ति का अंतर सहज रूप में यह स्वीकार कर ले कि जो हममें है वही

सबमें है। परिपूर्ण आत्म-दर्शन के उपरांत ही सच्ची आत्मीयता प्रकट होगी और सामाजिक विषमता का रोग दूर हो सकेगा। अंतर से भेदबुद्धि विदा होगी तो बाहर भी वह अपने प्रकाश का मार्ग ढूँढ़ लेगी तथा तदनुरूप सामाजिक स्वरूप प्रकट होगा।

'सबके अंतर में एक ही आत्मा का वास है' मानने का अर्थ है, जो चीज मैं चाहता हूँ, वह सबको मिलनी चाहिए। मेरे अंतर में बसनेवाला स्वामी, जिसमें प्रसन्न रहता है, उस अनुभव को लेकर, सबके अंतर में बसनेवाले स्वामी की प्रसन्नता के लिए भी हमें उसी प्रकार सचेष्ट और तत्पर रहना होगा, क्योंकि यहाँ मौलिक रूप में कोई पार्थक्य नहीं, विभाजन नहीं। हमें भोजन चाहिए, कपड़े चाहिए, घर चाहिए, सुशिक्षा की सुविधा चाहिए, आरोग्य चाहिए, अंतर की शांति और संतोष चाहिए, आनंद चाहिए तो यह सबको चाहिए और सबका बराबरी का हक बनता है, क्योंकि सबके अंतर में एक ही नारायण बसता है 'सकल ब्रह्मांड मा एक तू श्री हरि।' ऐसे समाज में छीना-झपटी नहीं चलेगी। हम अपना सुख देखें और दूसरों का सुख छीनकर भी अपने सुख में वृद्धि करते जाएँ, यह देहवाद उस समाज का लक्षण है जिसमें अलगाव, श्रेष्ठता और भेदबुद्धि का प्राधान्य हो।

इसलिए यह सहज स्वाभाविक है कि जिस समाज में सर्वात्मवाद की निष्ठा है उसमें व्यक्ति उन सुविधाओं को स्वयं छोड़ देगा, जो सबके लिए उपलब्ध न हो सके। भूखों के बीच लजीज व्यंजनों का भोग करना, झोंपड़ियों के बीच आलीशान महल बनाकर रहना अनात्मवादी भौतिकवाद का ही लक्षण है। सद्‌विचार का जब अनुशासन फैलता है, तब समता और समरसता धर्म-भावना न रहकर हमारे अपने दिल की आवाज बन जाते हैं तथा हमारे जीने के ढंग को बदल देते हैं।

आत्मा समान है। इसलिए हमें अपना जीवन धीरे-धीरे समता की ओर ले जाना चाहिए। कुछ लोगों ने मान रखा है कि जीवन में सुख-सुविधा का स्तर जितना ऊँचा जाएगा, उतना ही सुख बढ़ेगा। किंतु मनुष्य की रचना ऐसे नहीं हुई है। मनुष्य को सुख तब मिलता है जब वह बीच की हालत में रहता है। यह मध्यस्थ भूमि ही सुख की भूमि है। जिस तरह दुःख में खतरा है, उसी तरह सुख में भी है। अति-दारिद्र्य में अनिवार्य आवश्यकताओं की भी तृप्ति न होने से चित्त में वुभुक्षा की ज्वाला जलती रहती है। अति-समृद्धि में चित्त भोग में डूबकर पाशविक संस्कारों

को ही पुख्ता करता जाता है। इसलिए न अधिक सुख, न अधिक दुःख, ऐसी बीच की हालत में चित्त प्रसन्न रहता है।

रास्ता सीधा और समतल हो, तो बैल खुशी से गाड़ी खींचते हैं। लेकिन रास्ता बहुत उतार का हो तो बैल एकदम जोरों से दौड़ना शुरू कर देते हैं और गाड़ी के संतुलन बिगड़ने का खतरा होता है। उसी तरह, रास्ता एकदम ऊँचा जा रहा हो, तो बैल आगे बढ़ते ही नहीं, गाड़ी रुक जाती है। सुख में इंद्रियाँ बिलकुल भोग-परायण बनती हैं और जोर करती हैं। जहाँ दुःख, तकलीफ का अवसर आता है, वहाँ वे आगे नहीं बढ़तीं, कोई काम नहीं करतीं। इसलिए जहाँ समान रास्ता है, समत्व बुद्धि है, समस्थिति है, वहाँ समाज सुरक्षित है और मनुष्य का मन भी सुरक्षित है। यही है 'साम्य-योग'।

आजकल 'स्टैंडर्ड ऑफ लिविंग' (जीवन-स्तर) बढ़ाने की बात की जाती है। आज हिंदुस्तान में आम आदमी की जैसी हालत है, उसमें जीवन का स्तर ऊँचा उठाना आवश्यक है। आज उचित मात्रा में पौष्टिक आहार के अभाव में लोग कुपोषण का शिकार होते हैं तो उनके भोजन का स्तर ऊँचा होना चाहिए। जीवन बसर करने लायक जिन-जिन चीजों का अभाव या अल्पता है, उनकी स्थिति में सुधार होना ही चाहिए। किंतु हमें सावधानीपूर्वक इस बात का खयाल रखना होगा कि किन-किन चीजों का स्तर बढ़ाना आवश्यक है और किनका अनावश्यक? दूसरी बात यह है कि अच्छी चीज का स्तर भी कितना बढ़ाना चाहिए, यह सोचने की बात है।

जीवन में सादगी और सरलता का मूल्य है। सादा जीवन का अर्थ है समाज के स्तर के अनुसार अपना जीवन बनाना। परिवार में यह नहीं होता कि एक व्यक्ति मालपुआ उड़ा रहा है और दूसरे को रोटी पर भी आफत! समाज भी एक वृहत परिवार ही है। उसके अनुसार अपना स्तर रहे, इसका ध्यान जरूर रखना होगा।

जमाने की जो भी आवश्यकताएँ हैं, वे जरूर पूरी होनी चाहिए, किंतु दो बातें ध्यान में रखनी चाहिए—1. मेरा सुख पहले बढ़े, यह खयाल गलत है। सारे समाज का सुख बढ़े और उसके साथ मेरा भी बढ़े। 2. केवल पदार्थ बढ़ाने से सुख नहीं बढ़ता। चिंतन का स्तर बढ़ना चाहिए। जहाँ जीवन का स्थूल स्तर बहुत ऊँचा उठता है, वहाँ चिंतन का स्तर गिर जाता है। उच्च चिंतन सादगीपूर्ण जीवन में ही संभव है।

जीवन-स्तर उँचा करते जाने की अंधी दौड़ में शामिल होकर मनुष्य ने प्रकृति (Nature) के साथ अत्यंत क्रूर व्यवहार किया। एक ओर प्रकृति का लगातार दोहन किया जाता रहा। हम अपनी सुख-समृद्धि को निरंतर उन्नत करने के क्रम में प्रकृति को निचोड़ते रहे, लूटते रहे। जंगल कटते रहे। हरी पट्टी सिकुड़ती रही। पृथ्वी गरम होने लगी। ग्लेशियर पिघलकर छोटे होने लगे और आज पृथ्वी के एक बड़े भू-भाग के जलमग्न होने का खतरा मँडरा रहा है।

दूसरी ओर, इस उपभोक्ता संस्कृति ने कभी नष्ट न होनेवाली कचरों के ढेर से पूरी प्रकृति को भयानक रूप में प्रदूषित कर दिया है। हम जिस भूमि पर रहते हैं, खेती करते हैं, जो पानी पीते हैं, जो वायु ग्रहण करते हैं, सबकुछ बुरी तरह प्रदूषित हो चुका है। इस प्रकार, हमने प्रकृति को दोनों ओर से रौंदा है। उसकी संपत्ति उससे हड़प ली है तो दूसरी ओर अपने द्वारा उत्सर्जित कूड़े-कचड़े के ढेर लगाकर उसे दूषित कर दिया है। और इन सबका कुपरिणाम पलटकर हमारे ही सामने आकर खड़ा हो गया है। हमने उस प्रकृति को उजाड़ा है, जो हमारा घर थी। जिससे हमारी आवश्यकताओं की पूर्ति होती थी, किंतु भोग में अंधे होकर हमने अपने ही चमन को रौंद दिया। क्रूर होकर अपना ही भरण-पोषण करनेवाली जननी को श्रीहीन कर दिया।

जगत्-प्रकृति के साथ हमारा जीवंत संबंध है। हम चेतन हैं और प्रकृति नितांत जड़, ऐसी भ्रांति हमें नहीं पालनी चाहिए। प्रकृति अत्यंत अंतरंग भाव से मनुष्य के जीवन से, उसकी सारी चिंताओं, सारे कार्यों से जुड़ी हुई है। मनुष्य जो भी पाता है अपने पर्यावरण से ही प्राप्त करता है। हम धरती के संतान हैं और धरती, माता की तरह हमारी आवश्यकताओं की पूर्ति के लिए सतत् तत्पर है। किंतु हम संतान न रहकर लुटेरे बन गए हैं। प्राकृतिक संसाधनों का हम मनमाना दोहन कर रहें हैं। ई.एफ. शुमाखर ने अपनी पुस्तक 'स्मॉल इज ब्यूटीफुल' में यह स्थापना दी है कि धरती की कोख से उत्खनन के जरिए हम अपने लिए जिस प्रकार संसाधन प्राप्त कर उसकी खपत करते जा रहे हैं, वह ऐसा ही है जैसे कोई अपनी पूँजी ही बेचकर खाता जाए। जो कुछ भी है सब खा-पीकर एक खोखली और उजाड़ पृथ्वी हम आनेवाली नस्लों के लिए छोड़े जा रहे हैं।

यदि हमने अपनी जीवन-शैली न बदली, रहन-सहन के ढंग न बदले, ऐश्वर्य-भोग की लालसा नहीं छोड़ी, तो हमारे जीवन को संभव बनानेवाला यह

वायुमंडल छिन्न-भिन्न हो जाएगा और यह पृथ्वी भी जीवन के चिह्नों से रिक्त हो जाएगी। यह विचित्र विडंबना है कि आज के वैज्ञानिक युग का ज्ञान संपन्न मनुष्य जिस डाल पर बैठा है, उसे ही काट रहा है। वर्तमान के सुख-भोग में वह इस तरह अंधा हो चला है कि सामने खड़े भविष्य को वह देखकर भी जैसे नहीं देखता और अपने संपूर्ण विनाश की तैयारी करता जाता है।

पृथ्वी के संसाधनों की भी एक सीमा है। आज जिस प्रकार जनसंख्या का विस्फोट हुआ है, उसके लिए पृथ्वी की क्षमता कम पड़ गई है। इतनी बड़ी आबादी के लिए पौष्टिक आहार, कपड़े, मकान, स्वास्थ्य और शिक्षा संबंधी सुविधाएँ उपलब्ध कराना निरंतर कठिन होता जा रहा है। आज अमरीका में आदमी का जो जीवन-स्तर है, वह स्तर यदि पूरी दुनिया को उपलब्ध कराने की सोची जाए तो ऐसी अनेक पृथ्वियों की आवश्यकता पड़ेगी। इसलिए जहाँ एक ओर उच्च-जीवन-स्तर का मोह छोड़ना होगा, वहीं जनसंख्या-नियंत्रण की ओर भी हमें विशेष ध्यान देना होगा।

पूरी जनता का पेट भरने के लिए आज अनाज-उत्पादन के क्षेत्र में जिस प्रकार अत्यंत मात्रा में रासायनिक उर्वरकों का प्रयोग हो रहा है, उससे एक ओर भूमि की उर्वरा-शक्ति प्रभावित हो रही है, दूसरी ओर अनाज की पौष्टिकता भी प्रभावित हो रही है। सब्जियों-फलों में जिस प्रकार बेहिसाब कीटनाशकों का प्रयोग हो रहा है, उससे उसकी पौष्टिकता ही नहीं गई है, बल्कि वे विषैली हो गई हैं। स्वास्थ्य-सुविधाओं के क्षेत्र में हो रहे विकास के बावजूद जिस प्रकार आम आदमी का स्वास्थ्य गिरता जा रहा है, एक पूर्ण स्वस्थ मनुष्य का दर्शन होना दुर्लभ होता जा रहा है। उसके पीछे यह प्रदूषित वातावरण, प्रदूषित जल, वायु और विषैले एवं पौष्टिकतारहित अनाज, सब्जी, फलों आदि का व्यवहार ही प्रमुख कारण है।

इसलिए समाज में यह जनभावना बननी चाहिए कि हमारी धरती का जैसा सीमित संसाधन है उसी के अनुपात में हमारी आबादी भी हो। इस प्रकार की समझदारी से जो संयम आना चाहिए, उसकी आज अत्यंत आवश्यकता हैं।

आज मनुष्य का अपने चारों ओर की विश्व-प्रकृति के साथ कोई सात्त्विक संबंध नहीं रह गया है। आधुनिक मनुष्य की यह दृष्टि है कि यह सारा कुछ उसके

भोग के लिए पैदा हुआ है। मनुष्य उसका प्रभु है। किंतु प्रभुत्व स्थापित करना, भोग करना श्रेष्ठता का लक्षण नहीं है। मनुष्य की श्रेष्ठता की पहचान इसी में है कि वह सबके साथ मिलकर रह सकता है। विश्व-प्रकृति से जो दान मनुष्य पाता रहा है, वह मिट्टी, वनस्पति या शून्य आकाश का नहीं, उसका मूल चेतनामय सह-संबंध का है। इसलिए अन्न, जल, प्रकाश सभी को भक्ति के साथ ग्रहण करना और चराचर को अपनी आत्मा के साथ आत्मीय रूप में पाना मनुष्य की सृष्टि का प्रधान वैशिष्ट्य है।

इसलिए अपने जीवन को अपने चारों ओर के एक बड़े जीवन से जोड़ना और सबों के संग स्वयं को सहजीवन की एकसूत्रता में अनुभूत करना मनुष्य की प्रकृति होनी चाहिए। जिस विराट् प्रकृति द्वारा मनुष्य वेष्टित है, जिसके आलोक ने उसकी आँखों को सार्थक कर दिया है, जिसकी ऊष्मा सर्वांग को स्पंदित कर रही है, जिसके जल से वह तृप्त होता है, जिसके अन्न से उसका जीवन है, उस प्रकृति को मनुष्य पूजा के भाव से ग्रहण करे, इसी में उसकी मनुष्यता है। इस विश्व-प्रकृति के साथ पवित्र योग करके ही वह अपने को वृहत सच्चिदानंद स्वरूप अनुभव कर सकता है। प्रकृति मनुष्य के प्रयोजन-साधन का क्षेत्र नहीं, आत्मा की उपलब्धि के साधन का क्षेत्र है। इसलिए वह पुण्य स्थान है। इसलिए जगत् को हमें पूजा के द्वारा ग्रहण करना होगा न कि उपभोग द्वारा उसका अपव्यय करना होगा।

एक सुसंस्कृत समाज में प्रभुता की नहीं, सख्य की प्रतिष्ठा होती है। हम एक-दूसरे के स्वामी बनकर उसकी योग्यताओं, गुणों के अपहरण में अपनी महत्ता देखते हैं, तो यह हमारे आदिम-बर्बर चरित्र का लक्षण माना जाएगा। मनुष्यता की यथार्थ भूमि मैत्री-प्रीति की भूमि है, जिसमें हम एक-दूसरे के पूरक होकर, परस्पर समृद्धि-लाभ करते हुए, एक-दूसरे के उत्थान में सहायक बनते हैं। स्वामी बनना अर्थात् टूटकर अलग होना, सखा बनना अर्थात् मिलकर एक हो जाना। जहाँ अलगाव है, वहाँ संघर्ष है, शोषण है तथा जहाँ सख्य है, वहाँ प्रीति है, पुष्टि है।

मनुष्य जब स्वयं को उपभोक्ता और इतर विश्व को उपभोग्य समझता है, तब वह शोषक की भूमिका में खड़ा हो जाता है और अपनी कामनाओं की तृप्ति के लिए शेष जगत् का मनमाना दोहन करता है। इस प्रकार के शोषकों से बना समाज कभी भी मानवीयता को धारण नहीं कर सकता। ऐसा समाज सहज ही

हिंसा, क्रूरता, दमन और शक्ति प्रदर्शन की चपेट में आ जाता है। आज ऐसा ही मनुष्य-समाज अस्तित्व में है। प्रकृति का प्रत्येक अवयव उसका आहार बन गया है। उसकी ऐषणाओं को तृप्त करने में प्रकृति खोखली, खाली, उजाड़, प्रदूषित और गंदी होती जा रही है। जबकि वास्तविक अर्थ में मनुष्य स्वयं भी प्रकृति का ही अंग है। उसकी रचना ही प्रकृति के पंच महाभूतों—पृथ्वी, जल, अग्नि, वायु और आकाश से हुई है। वह जगत् का सहचर है। मिट्टी, पानी, हवा, वनस्पति, नदी, पहाड़, नाना प्रकार के जीव-जंतु, सभी जैसे इस विश्व-प्रकृति के अवयव हैं, मनुष्य भी उन्हीं के बीच, उन्हीं जैसा जगत्-परिवार का एक सदस्य है। और चूँकि वह इस अखिल सृष्टि में सर्वाधिक विकसित प्राणी है, उसके भीतर भावना, बुद्धि और कर्म-शक्ति का चरमोत्कर्ष उद्घाटित हुआ है, उससे सहज ही यह अपेक्षा की जाती है कि वह परिवार के अभिभावक की भाँति सबों के संरक्षण और संपन्नता के लिए प्रयत्नशील रहे। सबको अपनी प्रीति देकर सकल के उत्थान और संवर्द्धन के लिए मानव-समाज जब उन्मुख होगा, तभी उसकी अपनी मानवीयता भी नूतन विकास के क्षितिज का स्पर्श कर सकेगी।

यह संपूर्ण जगत् एक सचेतन 'ऑरगेनिज्म' की तरह है। इसके तमाम अवयव मिलकर एक व्यापक तंत्र इकोसिस्टम (Ecosystem) का निर्माण करते हैं। इस जगत् के बने रहने में इन सबों की अपनी-अपनी महत्त्वपूर्ण भूमिकाएँ हैं। न केवल इनका होना व सुचारु रूप में कार्य करना जीवन को संभव बनानेवाले इस पर्यावरण की सुरक्षा के लिए आवश्यक है वरन् इनके बीच का संतुलन कायम रहना, अपने-अपने अनुपात के अनुरूप इनका परिमाण कायम रहना भी उतना ही आवश्यक है।

पृथ्वी पर कितने क्षेत्रफल में जंगल हों, ग्लेशियर्स हों, इसका अपना अनुपात है। इसमें हेरफेर होने से प्राकृतिक असंतुलन उत्पन्न होगा और हमें न केवल प्राकृतिक विपदाओं की मार झेलनी पड़ेगी, अपितु एक सीमा के बाद इससे महाविनाश का खतरा भी उपस्थित हो जानेवाला है। यहाँ के वायुमंडल में अनेक प्रकार के गैसों का आनुपातिक परिमाण है। पृथ्वी का जीवन इस विशेष वायुमंडल में ही संभव हुआ है। ओजोन की मोटी परत, सूर्य की जीवन पर घातक असर डालने वाली किरणों को धरती पर आने से रोककर हमारी रक्षा करती है। किंतु आधुनिक औद्योगिक सभ्यता में जिस प्रकार विषैले गैसों का बड़े परिमाण में उत्सर्जन हुआ और होता जा रहा है उससे ओजोन की परत में बड़ा छिद्र हो गया है और यदि

हम अब भी नहीं चेतते तो यह छिद्र क्रमशः बड़ा होता जाएगा और इसका जीवन पर घातक असर होगा। बहुमंजिली इमारतें खड़ी करना, बड़े-बड़े बाँधों का निर्माण करना, बेहिसाब औद्योगीकीकरण, अंधाधुंध मोटर-वाहनों का प्रयोग, कीटनाशकों का प्रयोग, रिसाइकल न हो सकनेवाले पॉलिथिन आदि कचरों के ढेर, इन सबों ने पृथ्वी के पर्यावरण को नष्टप्राय कर दिया है। प्राणी-अप्राणी, सब मिलकर जिस परिपूर्ण तंत्र का निर्माण करते हैं, जिसमें यह जीवन अस्तित्व में आया और विकसित हुआ, इस पूरे संगठित तंत्र इकोसिस्टम के प्रति यदि हम समझदारीपूर्वक अपनत्व का भाव न रखेंगे तो हमारा यह हरा-भरा आशियाना हमसे छिन जाएगा, इसमें संशय नहीं।

नरसिंह मेहता का एक भजन था, "वैष्णव जन तो तेणे कहीये जे पीर-पराई जाणे रे।" पीर-पराई यानी दूसरे के दुःख-दर्द को समझना, मनुष्यता की पहली निशानी है। और इस 'दूसरे' में मात्र मनुष्य नहीं; अपने से इतर सबकुछ, पशु-पक्षी, वनस्पति, नदी, पर्वत, संपूर्ण सृष्टि का समावेश हो जाता है। अन्य पशु-पक्षी अपने ही घेरे में आबद्ध रहते हैं। वे अपने ही कुटुंब की सुरक्षा और स्नेह के दायरे में रहते हैं। एक बाघ बस अपने ही बच्चों की सुरक्षा के प्रति सचेष्ट रहेगा। गाय, बैल, हिरन, खरगोश, सभी अपने-अपने कुनबों के संरक्षण तक सीमित रहते हैं। यह मनुष्य ही है, जिसकी संवेदनशीलता के दायरे में पूरी सृष्टि शामिल हो जाती है। यह मनुष्य कुत्ता पालता है, पक्षियों को चारा देता है, इसने पेड़ लगाए हैं, उसकी जड़ों को सींचा है, उसकी पूजा की है। उसने नदियों की परिक्रमा की है, जंगल और पहाड़ उसके पर्यटन का प्रिय स्थल रहे हैं। इसने सूर्य-चंद्र-ग्रह-नक्षत्रों की उपासना की है, उसे लेकर कितने ही भावुक संबंधों, गाथाओं का प्रणयन किया है। वह पूरी सृष्टि को अपने प्रेमालिंगन में भर लेने को समुत्सुक है।

यह मनुष्य की मूल प्रकृति है, उसका स्वभाव है। आज उसका यह स्वभाव ही तिरोहित होता जा रहा है तो इसका साफ अर्थ है कि उसकी मनुष्यता तिरोहित हो रही है। जीवन तो पशु-पक्षियों, कीट-पतंगों, वनस्पतियों, सबमें है। किंतु चेतना का विकास, जो मनुष्य में हुआ है, उसने उसे इस सृष्टि की विकास-यात्रा के शीर्ष (Apex) पर ला खड़ा किया। वह केवल भोक्ता मात्र नहीं, साक्षी होने की क्षमता भी उसे हासिल है। वह अपनी ही वृत्तियों का, विचारों का, अनुभवों का साक्षी (Witness) हो सकता है। इसी ने उसे कवि, कलाकार बनाया, ऋषि बनाया,

वैज्ञानिक और आविष्कारक बनाया। इन सब के मूल में है खुद को, और अपने चारों ओर के जगत् को जानने-समझने-अनुभूत करने और अपने चिंतन का हिस्सा बना लेने की उसकी विशिष्ट क्षमता।

मनुष्य की विकसित चेतना का प्रतिफलन है, उसकी सूक्ष्म संवेदनशीलता। उसका स्नायु-मंडल न केवल अत्यंत सूक्ष्म इंद्रिय-संवेदन को ग्रहण करने में सक्षम है, अपितु वह अपने ही जैसी अन्य इकाइयों के भावों, विचारों, जीवन-स्थितियों, सुख-दुःख को गहराई से आत्मसात कर लेने में भी पूर्ण समर्थ है। हम अपने जीवन-अनुभवों के सहारे अन्य के जीवन-अनुभवों से तादात्म्य स्थापित कर लेते हैं। श्रीमद्भगवद्गीता में एक शब्द आया है 'आत्मौपम्य'। यह बड़ा ही सारगर्भित शब्द है। इसका अर्थ है अपनी उपमा सामने रखकर व्यवहार करना। अर्थात् मैं जब प्यासा रहता हूँ और कोई पानी पिलाता है, तो मुझे अच्छा लगता है तो अन्य कोई प्यासा दिखा तो उसे पानी पिलाने की सहज प्रेरणा मुझे होगी। आनंद सबको प्रिय है। जैसा मुझे अपना आनंद प्रिय है, उसी प्रकार सबको अपना आनंद प्रिय है और यह जानकर सबके आनंद की पूर्ति करने में हमारे आनंद की अभिवृद्धि है। जिन बातों से हमें कष्ट पहुँचता है, उनसे अन्य को भी कष्ट होगा इसलिए वह व्यवहार हम किसी से न करें। इसलिए संस्कृत में एक श्लोक है, "अष्टादश पुराणेसु व्यासस्य वचनम् द्वयम्। परोपकाराय पुण्याय पापाय परपीडनम्॥" परोपकार ही पुण्य है और दूसरों को पीड़ा पहुँचाना ही पाप है। अपना अनुभव रखकर, सुख-दुःख की भावनाओं और उसके पीछे कार्य करनेवाली परिस्थितियों को जानकर भी यदि हमारी भावना और सोच, कर्म और व्यवहार किसी के लिए कष्ट का, अहित का कारण बनते हैं तो इसमें हमारी सचेतनता का निषेध है, हमारी संवेदन-ग्रहण करने की क्षमता का अवमूल्यन है।

'अपने दिल से जानिए पराए दिल का हाल', जानना ही नहीं, तदनुकूल व्यवहार करना, चेष्टा करना मानव-समाज का बुनियादी लक्षण होना चाहिए।

संवेदनशील मानव इकाइयों के मिलने से ही वास्तविक अर्थों में मानव समाज बनता है। जहाँ परस्पर का सहयोग और साहचर्य है, परस्पर की मैत्री-प्रीति है, सेवा-परिचर्या है, वहीं समाज है। एक का कष्ट जहाँ दूसरा बाँटता है वहाँ समाज

है। जहाँ सम्मिलन है, वहाँ समाज है। इन सबका आधार है संवेदनशीलता। और यह संवेदनशीलता मनुष्य का सहजात गुण है। कोई बीमार है तो उसकी सेवा-परिचर्या करने के लिए हमें अपनी धर्म-भावना या कर्तव्य-बुद्धि को जागृत करने की आवश्यकता नहीं होगी। मनुष्य होने के नाते, हम सहज ही उसके कष्ट को अपने हृदय में अनुभव करेंगे और यह अनुभव स्वत: हमें उसकी सेवा के लिए प्रस्तुत कर देगा।

यह सहज संवेदनीयता मनुष्य में है, किंतु यह सीमित और बद्ध हो गया है। यह सब एक 'यूनिट फैमिली' के दायरे में सिमटकर रह गया है। पति-पत्नी, बेटा-बेटी तक इस संवेदनीयता की इतिश्री हो जाती है। बूढ़े माँ-बाप, दूर के संबंधी, सेवक-परिचारक, ये उसकी संवेदना के दायरे से बहिष्कृत हो गए। फिर व्यापक समाज की कौन पूछता है! हमारी संवेदनशीलता इतनी ओछी हो गई है कि हमने पूरे विश्व को दो टुकड़ो में बाँट दिया है, 1. मेरा और 2. मेरा नहीं। जो मेरा है उसके लिए मैं समस्त रूप से संवेदनशील हूँ, जो मेरा नहीं है, उसके प्रति मैं संवेदन शून्य हूँ। इस प्रकार का चयन करनेवाली संवेदनशीलता एक प्रकार की जैविक किस्म की संवेदनशीलता है, जिसमें मानवीयता अनुपस्थित है।

सच्ची मानवीय संवेदनशीलता में विभाजन नहीं होता। वह है तो सबके प्रति। हाँ जिनके प्रति हमारी विशेष जिम्मेवारी है, उसके लिए वह विशेष रूप में सक्रिय होगी। किंतु अन्य के प्रति वह आँखें नहीं मूँद लेगी, अन्य की कीमत पर अपनों के सुख का संचय नहीं करेगी। बल्कि इसके विपरीत वह अपने अपनेपन का दायरा क्रमश: विस्तृत करती जाएगी और सबके आनंद-मंगल के लिए चेष्टा करना उसकी आंतरिक अनिवार्यता बनती जाएगी। इसी में मनुष्यता का उत्थान निहित है।

आध्यात्मिक जीवन का सार है—दूसरों के लिए जीना (to live for others), अपने लिए तो पशु भी जी लेता है। अपने देह-मन की सीमा में आबद्ध व्यक्ति मनुष्य कहलाने का अधिकारी नहीं। और मनुष्य का समाज है तो वहाँ आत्मवत् प्रियता सहज उपलब्ध होनी चाहिए। यह एक ऐसा समाज होगा जिसमें सभी दूसरे का खयाल रखेंगे। उसकी बेटी विवाह योग्य हो गई है तो यह मेरी जिम्मेदारी है कि उसके योग्य वर की खोज कर, विवाह-कार्य, समुचित रीति से संपन्न करा दें। हमारे पड़ोसी की क्या आवश्यकता है, यह समझकर हमें उसकी पूर्ति के लिए प्रयत्नशील होना होगा। इस प्रकार, अपने को भूलकर जब हम दूसरे की भावनाओं-

आवश्यकताओं पर अपनी दृष्टि रखेंगे और उस ओर प्रयासरत रहेंगे, तो सहज ही हमारा मन बड़ा होगा, भेद-बुद्धि का अंत होगा और सबके अंतर में एक ही नारायण बसता है—इस सत्य की प्रतीति हमें वास्तविक रूप में होगी।

मोक्ष का अर्थ है मोह का क्षय। अखिल विश्व के प्रति सच्ची आत्मीयता में ही मोह का क्षय है। जब तक हमारी प्रीति विशेष के घेरे में बद्ध है तब तक वह मोह है, आसक्ति है। जब वह निर्विशेष हो गई, सबके लिए हो गई, वह मोक्ष का इंगित हो गई। जब हम स्व-पर भेद भूलकर, सबके सुख-दुःख में शामिल होते हैं, सब को अपनी हार्दिकता का अंग बना लेते हैं, हम मुक्त हो जाते हैं। इसलिए संवेदनशीलता मनुष्य की उच्चतम उपलब्धि का साधन है, उसकी आध्यात्मिक यात्रा का पाथेय है। मनुष्य की संवेदनशीलता का दायरा जितना चौड़ा होता जाएगा उसकी मनुष्यता उतनी ही महत्ता को प्राप्त होती जाएगी। ऐसे मनुष्य के मिलने से एक सच्चे समाज का उदय होगा।

हम संवेदनशीलता खोते हैं तो हमारा 'मैं' खड़ा होता है, मजबूत होता है और सब पापों का जड़, मानव-हृदय में इस राक्षसी 'मैं' का जागरण ही है। यह समाज और संसार से व्यक्ति को अलग कर देता है और हम मिलकर रहें, प्रेम से रहें, यह भाव ही सहज रूप से अंतर में नहीं उठने देता। मैं बड़ा आदमी बनूँ, श्रीमान बनूँ, शक्ति और प्रतिष्ठा प्राप्त करूँ, इसी खयाल में व्यक्ति मशगूल रहता है। यही भावना दृढ होकर अपनी श्रेष्ठता के मिथ्या भान में बदल जाती है और फिर अपनी सत्ता स्थापित करने में वह पूरी शक्ति लगा देता है। फिर सत्ता, संपत्ति और संस्कृति का बड़ा अहं निर्मित होता है, जिसे विनोबाजी ने आसुरी सभ्यता का प्रतीक कहा है।

यह 'मैं' जहाँ भी रहता है वहीं सामंजस्य को भंग करता है, स्पर्धा, द्वेष और हिंसा का वातावरण तैयार कर देता है। मैं श्रेष्ठ, मेरी हर चीज श्रेष्ठ। इसलिए मेरा प्रभुत्व स्थापित होना चाहिए। यह 'मैं' जिससे भी जुड़ता है, उसे स्पर्धा और द्वेष की वस्तु बना देता है। आप आज के आदमी की बातचीत पर ध्यान दीजिए। वह अपनी हर चीज के प्रति अहं भाव से ग्रस्त है। 'मैं, मेरा घर, मेरे कपड़े, मेरी गाड़ी, मेरे बच्चे, मेरी अक्ल, मेरी जानकारी सब विशेष हैं। यही 'मैं' जाति, धर्म, नस्ल, राष्ट्रीयता, भाषा, संस्कृति से जुड़ता है, तो धरती पर युद्ध और संघर्ष के बादल मँडराते हैं।

इस 'मैं' ने निकटतम संबंधों में दरार पैदा कर दी है, घरों को तोड़ा है, समाज को तोड़ा है, हर प्रकार के संगठनों को तोड़ा है, धर्म को महजबी कट्टरता के रूप में अवमूल्यित कर दिया है, राष्ट्रों को युद्ध की आग में झोंक दिया है। इस राक्षसी 'मैं' को यदि संयमित नहीं किया गया तो स्वस्थ समाज-निर्माण करने के सारे प्रयास व्यर्थ हो जानेवाले हैं।

विनोबाजी ने 'मैं' को संयमित करने का रास्ता सुझाते हुए कहा था, "'मैं' को 'हम' से काटो।" 'मैं' का परिचय है विशिष्टता बोध। मैं कोई सामान्य व्यक्ति नहीं हूँ, विशिष्ट हूँ। आज आधिकारिक रूप में वी.आई.पी. और वी.वी.आई.पी. हुआ करते हैं! विशिष्टताबोध की भी अनेक पायदानें निर्मित हो गई हैं। यह 'मैं' जब 'हम' से एकरूपता स्थापित करेगा, स्वयं को समूह के अंग के रूप में पहचानेगा तो उसका विशिष्टता-बोध विसर्जित होगा और सामान्य के स्तर पर उसकी प्रतिष्ठा होगी। अर्थात् समाज के साथ घुल-मिलकर, एकरूप होकर रहने की नमनीयता उसके भीतर प्रकट होगी। इस समूह-भावना के जागरण में ही अहंभावना के अस्त होने की संभावना है।

'मैं' क्या हूँ? अपने ही जैसे असंख्य मानव समुदाय की एक इकाई हूँ। एक वृहत् समाज का अंग हूँ। जैसे सब के भीतर कुछ गुण-दोष हैं, मेरे भीतर भी हैं। कुछ मायनों में मैं दूसरों से अलग हूँ। कुछ मायने में उनके ही जैसा हूँ। हम सबों के भीतर एक ही चेतना प्रकाशित है, एक ही आत्मा का वास है। हम सब मिलकर एक पूर्ण आकार वाले ईश्वर की मूर्ति गढ़ते हैं। हम सबों को प्रेम पाना अच्छा लगता है, अलगाव और अस्पृश्यता बुरी। हम ज्ञानी हैं या शक्तिमान हैं तो हमारे कोई दो सींग नहीं निकल आनेवाले। हम वही मनुष्य हैं और रहेंगे। इस तरह अपनी विशिष्टता-बोध को जब हम स्वयं खंडित करेंगे और समूह में अपने आनंद को उपलब्ध करेंगे, तब धीरे-धीरे हमारा यह स्फीत 'अहं' संयमित हो सकेगा।

यह सृष्टि अन्वय और व्यतिरेक—सामान्य और विशेष के गुणों का आश्रय है। सामान्य को भूलकर जब विशेष की भावना जोर पकड़ती है, तब सृष्टि में विश्रृंखलता पैदा हो जाती है। सामान्य का आधार ग्रहण कर जब विशेष अपना सौंदर्य बिखेरता है, तब सामंजस्य भंग नहीं होता। 'हम' की गोद में 'मैं' उद्दाम रूप नहीं लेता। 'हम' को विस्मृत कर ही 'मैं' फूलकर मोटा-तगड़ा होता जाता है।

'मैं' में समाज का निषेध है। 'मैं' का अर्थ है टूटना, अलग होना, विशेष बनना। यह 'मैं' अपनी विशिष्टता के ही संवर्धन में लगा रहेगा। मेल में नहीं, अलगाव में ही अपने अस्तित्व की सार्थकता का अनुभव करेगा। 'मैं' धनवान बनना चाहेगा, विद्वान् बनना चाहेगा, समाधिवान बनना चाहेगा और इस प्रकार अन्य की भीड़ में ऊँचे मंच पर जा बैठेगा, अपनी सत्ता स्थापित करेगा और फिर शासन और शोषण का तंत्र खड़ा कर लेगा। जहाँ शासक और शासित हैं, वहाँ समाज नहीं है। आज सर्वत्र मैं का जोर दिखाई देता है और इसलिए सर्वत्र शोषण का चक्र चल रहा है। इस समाज में जिसका भी 'मैं' महिमामंडित हुआ है, उसने अपना वर्चस्व स्थापित किया है और अपने अधीनस्थ का शोषण किया है।

डॉक्टर मरीज का, शिक्षक विद्यार्थी का, अधिवक्ता, मुवक्किल का, राजनेता अपने ही कार्यकर्ताओं और आम जनता का, अफसर और कर्मचारी, व्यापारी सभी अपने से वास्ता पड़नेवाले आदमी का मनमाना दोहन करते हैं। यहाँ तक कि आज के साधु-संत, मठ और आश्रम भी अपने अनुयायियों को अपने नियंत्रण में रखते हैं और उनका सब तरह से शोषण करते हैं। यह मानव-समाज का लक्षण नहीं है। समाज परस्पर के सहयोग और सेवा पर, समानता और सहजीवन पर आधारित होता है। विनोबाजी ने लिखा है, ''समाज में किसी भी सत्ता का शासन न हो, सद्विचार का अनुशासन हो। व्यक्ति की सब शक्तियाँ समाज को समर्पित हों। समाज की ओर से व्यक्ति को विकास के अवसर प्राप्त हों। ईमानदारी से, शक्ति के अनुरूप की गई सब तरह की सेवाओं का नैतिक, सामाजिक और आर्थिक मूल्य समान माना जाए।'' यह सब तब होगा जब 'मैं' आधारित नहीं 'हम' आधारित; 'मेरा' आधारित नहीं 'हमारा' आधारित समाज अस्तित्व में आएगा।

व्यक्ति का 'मैं' विनाशकारी रूप में सर्वत्र अपना प्रभाव दिखाता है। इस 'मैं' के नियंत्रण में किया गया हर प्रयास, यहाँ तक कि इस 'मैं' से मुक्ति पाने का प्रयास भी, 'मैं' को ही दृढ़ता प्रदान करता है। जब यह 'मैं' अपने अलगाव और एकाकीपन में असुरक्षा की भावना से ग्रस्त होकर भीत होता है तो वह 'हम' का एक तथाकथित समूह बनाता है और उसमें शामिल होकर अपने लिए सुरक्षा का प्रबंध कर लेता है। इस प्रकार का समूह कभी भी 'हम' की सच्ची भावना का न आधार लेता है, न उसका विकास ही करने में सहायक होता है, क्योंकि इसके मूल में ही 'मैं' की सुरक्षा, 'मैं' के संवर्धन की ही लालसा कार्य करती है।

इस 'मैं' ने मजहबी आधार पर समूह कायम किया, जाति के आधार पर संगठन तैयार किया। इससे समाज और टूटा, आदमी-आदमी के बीच फासले बढ़े। आज पूरा समाज हिंदू-मुसलिम के आधार पर, अगले-पिछड़े के आधार पर, अलग-अलग जातियों के आधार पर बँट गया है। इसने सत्य, न्याय और सदाचार का गला घोंट दिया है। चुनाव में कौन सा उम्मीदवार कर्तव्यपरायण है, इस आधार पर लोग वोट नहीं देते, वह अपने मजहब, जाति का है या नहीं—इस आधार पर वोट देते हैं। ग्राम-पंचायत में अपराध और दंड-विधान की प्रक्रिया इसी जातिवादी मनोवृत्ति का शिकार होकर नष्ट हो चुकी है। 'गर्व से कहो हम हिंदू हैं', हम 'फॉरवार्ड' हैं, 'बैकवॉर्ड' हैं—इनमें निहित 'हम', मैं का ही फूला हुआ, उद्दाम रूप है, क्योंकि यह बड़े 'हम' का विरोधी है। अगर 'हिंदू' का 'हम' सच्चा 'हम' होता, मुसलिम का 'हम' सच्चा हम होता, तो वह मानव के व्यापक 'हम' का विरोधी न होता। अगर प्रकृति एक है तो छोटे और बड़े में परिमाण का भेद हो सकता है, गुण का नहीं। उनमें संघर्ष नहीं होगा। ये जो बिरादरी का 'हम' है वह बड़े 'हम' को तोड़नेवाला है, उसका विरोधी है, इसलिए यह 'हम' है ही नहीं।

इसलिए हमें 'मैं' से 'हम' की ओर बढ़ते हुए यह ध्यान रखना होगा कि इस 'हम' का आधार कोई विशेष-फिरका, संपत्ति, भाषा, नस्ल आदि न हो जिनसे अलगाव ही पुष्ट होता है, व्यापक एकता खंडित होती है।

'मैं' प्रधान सभ्यता में व्यक्तिगत उपलब्धि को प्रतिष्ठा प्राप्त होता है। किसी ने किसी क्षेत्र में कोई महत्त्वपूर्ण कार्य संपादित किया तो समाज उसके कार्यों की ओर ध्यान कम देता है, उसकी ओर अधिक आकृष्ट होता है। फलतः उसका कार्य उपेक्षित होता है और उसके व्यक्तित्व की प्रतिष्ठा होती है। यहीं से व्यक्ति पूजा की शुरुआत होती है जो आज के समाज का बहुत बड़ा दोष बनकर सामने आया है।

किसी ने कृषि के क्षेत्र में कोई महत्त्वपूर्ण सुधार-कार्य किया, तो समाज की दृष्टि उसके कार्य पर अधिक केंद्रित होनी चाहिए। कार्य-पद्धति के पीछे का चिंतन, उसमें काम कर रही ऊर्जा, उससे प्रभावित होनेवाला जन-जीवन, ये हमारी सोच के दायरे में रहने चाहिए। तभी इस प्रकार के कार्य में और भी प्रगति होगी और अंततः जन-जीवन खुशहाल होगा। निर्माता की सच्ची प्रशंसा उसके निर्माण के प्रति हमारी रुचि में व्यक्त होती है। बापू के प्रति हमारी सच्ची श्रद्धांजलि यह होगी कि

हम उनके बताए हुए मार्ग का अनुसरण करें, उन्होंने जिस प्रकार का जीवन जीकर दिखाया, उसे अपने जीवन में उतारें। किंतु वह तो हम करते नहीं, उनकी प्रशंसा में भाषण देते हैं, उनकी प्रतिमा पर फूल चढ़ाते हैं, उनकी पूजा करते है। जो समाज गांधी की पूजा करता है उसी समाज में उनके द्वारा समाचरित जीवन मूल्यों के कहीं दर्शन नहीं होते। व्यक्ति पूजा का यह सबसे बड़ा दोष है।

व्यक्ति अपने कर्मों से जाना जाता है। इसलिए उसके कर्म की पूजा होनी चाहिए। और कर्म की पूजा का अर्थ है, उस कर्म में हाथ बँटाना, उससे प्रेरित होकर उस क्षेत्र में और भी प्रयोग करना, उस कर्म परंपरा को आगे बढ़ाना, विकसित करना। जहाँ कर्म की पूजा होती है, वहाँ समाज खुशहाल बनता है, क्योंकि वहाँ कर्म की प्रेरणा तैयार होती है। व्यक्ति-पूजा में कर्म-शक्ति शिथिल पड़ती है, औपचारिकताएँ, आयोजन आदि प्रधान बनते हैं; कार्य, गौण।

बौद्ध-दर्शन में त्रि-शरण की बात आई है। 'बुद्धं शरणं गच्छामि, संघं शरणं गच्छामि, धम्मं शरणं गच्छामि।' इसमें तीन प्रकार की निष्ठाएँ हैं। बुद्ध के प्रति, संघ के प्रति और धर्म के प्रति। व्यक्ति निष्ठा, फिर समूह निष्ठा और अंत में विचार-निष्ठा। व्यक्ति निष्ठा तो प्रारंभिक चरण है। पहुँचना है, विचार निष्ठा तक। यह विचार निष्ठा ही संघ निष्ठा का आधार है, क्योंकि संघ उस विचार निष्ठा को लेकर ही खड़ा होता है और उस विचार के प्रचार-प्रसार का ही निमित्त बनता है। और व्यक्ति-निष्ठा का आधार भी वह विचार ही है। इस प्रकार विचार-निष्ठा ही प्रधान-निष्ठा बनती है। जब तक यह विचार-निष्ठा कायम रही, विचारों के प्रचार-प्रसार का, उसे जीवन में स्थान देने का कार्य चलता रहा, बौद्ध धर्म फैलता रहा। जब यह विचार-निष्ठा शिथिल पड़ गई और व्यक्ति-निष्ठा, व्यक्ति पूजा का जोर हो गया, न केवल इसका विकास अवरुद्ध हो गया, अपितु इसके भीतर अनेक प्रकार की तांत्रिक और गुह्य-क्रियाओं का, कर्म-कांडों का प्रवेश हो गया, जिनके विरुद्ध यह धर्म खड़ा हुआ था।

इसलिए समाज के स्वास्थ्य पर व्यक्ति-पूजा का बड़ा ही प्रतिकूल प्रभाव पड़ता है। चाहे कोई साधु-महात्मा हो या समाज-सेवक, सामाजिक-विकास के विभिन्न क्षेत्रों में अपनी सेवा देने वाला कोई भी व्यक्ति क्यों न हो यदि उसके लिए उच्चासन और विशिष्टता बोधक कर्म-कांडों की व्यवस्था होगी तो उस कार्य की, विचार की क्षति होगी जिसे साकार करने में उसका व्यक्तित्व खड़ा होता है। कर्म

ही कर्त्ता का स्मारक है। कर्म से ही कर्त्ता का परिचय मिलता है। कर्त्ता की पूजा मूर्ति पूजा बनकर रह जाएगी। कर्म की पूजा समाज की सेवा का रूप लेगी, क्योंकि उससे समाज में शांति और सुव्यवस्था कायम होनेवाली है।

व्यक्ति को केंद्र में रखकर जब कोई समूह खड़ा होता है तो वहाँ परस्पर की प्रीति का पूर्ण विकास नहीं हो पाता। उस समूह का प्रत्येक सदस्य उस केंद्रस्थ व्यक्ति के प्रति ही अपनी पूरी निष्ठा आरोपित कर देता है। उसकी श्रद्धा, उसका आदर, उसका प्रेम सबकुछ जैसे उस केंद्रस्थ व्यक्ति तक सीमित होकर रह जाता है। उस समूह के अन्य सदस्यों के प्रति वह सच्ची आत्मीयता और प्रेम नहीं रख पाता। इसके विपरीत ऐसे समूहों में, केंद्रस्थ व्यक्ति के साथ अधिक निकटता हासिल करने, उनकी दृष्टि में श्रेष्ठ ठहरने आदि मनोवृत्तियों के क्रियाशील होने के कारण परस्पर स्पर्धा और द्वेष का वातावरण तैयार हो जाता है। इस प्रकार वह नाममात्र का समूह रह जाता है, उसमें सच्चे अर्थों में सामूहिक-भावना का विकास नहीं हो पाता। ऐसे समूह में विचार-निष्ठा या तत्त्व-निष्ठा कभी बलवती नहीं होती। बल्कि अधिकांश अवसरों पर व्यक्ति-पूजा पर आश्रित समूह के सदस्य अपनी विचार निष्ठा के प्रतिकूल आचरण करते देखे जाते हैं और इस प्रकार वहाँ शुद्ध रूप में व्यक्ति निष्ठा भी नहीं रह जाती है, क्योंकि उसके विचारों, भावनाओं, शिक्षाओं के प्रति समूह की सच्ची निष्ठा नहीं बनती।

व्यक्ति को केंद्र में रखकर तैयार हुए अलग-अलग समूहों के बीच भी स्पर्धा और संघर्ष की संभावना बढ़ जाती है। विचार-निष्ठा खोकर, जब व्यक्ति-निष्ठा, व्यक्ति-पूज़ा का रूप ले लेती है तो ऐसे व्यक्ति-पूजकों में एक प्रकार की संकीर्णता, जो बहुधा कट्टरता में बदल जाती है, का प्रवेश हो जाता है। फिर इस प्रकार के समूहों में संघर्ष की स्थिति तैयार होते देर नहीं लगती। आधुनिक युग के महापुरुषों ने व्यक्ति-पूजा के रोग को पहचाना और इसके प्रति लोगों को सावधान करते रहे।

'मैं' का असंयमित जागरण, विशिष्टता-बोध या व्यक्ति-पूजा जैसे रोग समाज में विभाजन का कारण बनते हैं। बड़े-छोटे, ऊँच-नीच, ज्ञानी-अज्ञानी, योग्य-अयोग्य जैसे भेदों का आधार लेकर समाज, शासक और शासित में बँट जाता है। और जिनके हाथ में शासन है वे अपने लिए विशेष सुविधा और अधिकार की

व्यवस्था कर इस विभाजन को और पुख्ता कर देते हैं। आगे चलकर उनकी ये सुविधाएँ और विशेषाधिकार बरकरार रहें, इसलिए वे इस पार्थक्य को, शासक और शासित के बीच की दूरी को कभी मिटने नहीं देते, और बढ़ाते ही जाते हैं। इस प्रकार एक शक्तिशाली वर्ग खड़ा हो जाता है और शेष समाज अलग-थलग पड़ जाता है। जब इस प्रकार समाज, विशेषाधिकार संपन्न शक्तिशाली वर्ग के अधीन कार्य करता है, तो वहाँ शासक वर्ग की सत्ता कायम होती है और शासन का चक्र चलता है।

आप चाहे लोकतंत्र की ही बात क्यों न करें, यदि जनता अपने प्रतिनिधियों को चुनकर अगले चुनाव तक के लिए निश्चिंत हो जाती है और उसके द्वारा चुने गए प्रतिनिधि अपनी सत्ता बनाए रखने के जुगाड़ में शासन-व्यवस्था और समाज-कल्याण के कार्य को अपनी चुनावी रणनीति के अनुरूप लागू करते हैं तो इसमें भी एक शासकवर्ग का उदय होता ही है। हमारे अपने देश में राजनीतिक दलों, उद्योगपतियों और आला अफसरों के अवसरवादी गठबंधन के रूप में एक शासक वर्ग का अस्तित्व रहा है और आम जनता के रूप में शेष समाज उसके अधीन कार्य करता रहा है।

इस प्रकार का विभाजन एक स्वस्थ समाज का लक्षण नहीं है। समाज के संचालन का सूत्र वास्तविक अर्थों में समाज के हाथ में रहना चाहिए अर्थात् शासन सही मायने में जनता, आम जनता के हाथ में आना चाहिए। और जब हम खुद अपना शासन करते हैं तो वह शासन नहीं रह जाता, अनुशासन बन जाता है।

जब तक किसी भी रूप में एक शासक वर्ग का अस्तित्व समाज में रहेगा, वास्तविक अर्थ में सामाजिक समुन्नति के लिए ईमानदार प्रयत्न में कमी बनी रहेगी। एक तो इस प्रकार के वर्गभेद के रहते, जिसमें सुविधाओं, अधिकारों और तज्जन्य मानसिकताओं का विराट् अंतर मौजूद हो, सच्चे समाज का निर्माण ही नहीं हो सकता। भेद की दीवारों के मध्य समाज नहीं बनता, फिरके बनते हैं, वर्ग तैयार होते हैं। दूसरे अपने विशेषाधिकारों और उसके स्रोत सत्ता को कायम रखने के प्रयत्न में ये शक्तिशाली वर्ग जनता को उस स्थिति में आने से कौशलपूर्वक रोकते रहते हैं, जिसमें वह वास्तविक अर्थों में आत्मनिर्भर होकर, शासन-सूत्र अपने हाथ में लेकर, विशेषाधिकारी वर्ग का अंत कर दे।

इस प्रकार की शासन व्यवस्था में लोकतंत्र, जनता की इच्छा, जन-प्रतिनिधि,

जन-कल्याण, जनता की सेवा जैसे शब्द खोखले ही नहीं व्यंग्य-विद्रूप के वाचक बनकर रह जाते हैं। जनता को फिरकों में बाँटा जाता है और विभिन्न फिरकों के बीच वैरभाव को सुलगाया जाता है तथा समय-समय पर घी डालकर उसे धधकाया जाता है। उसे अशिक्षित बनाए रखने का षड्यंत्र होता है। उसकी एकता को खंडित कर उसे कभी भी एकजन नहीं बनने दिया जाता, क्योंकि विशेषाधिकार संपन्न शासक वर्ग को जनता की एकता से हमेशा डर लगता है। इसमें जनता के नाम पर ही सब प्रकार के घृणित हथकंडे अपनाए जाते हैं और अंततः समाज में शोषण-उत्पीड़न का चक्र जारी रहता है।

इसलिए शासन-व्यवस्था, शोषण-व्यवस्था का पर्याय बन जाती है। इस शोषण-व्यवस्था का अंत करने का अर्थ होगा, इस प्रकार की शासन-व्यवस्था का अंत कर देना, स्व-शासन की सही रूप-रेखा तैयार करना, स्वशासित होना।

स्वशासन का अर्थ है शासक और शासित वर्गों का अंत। इसके लिए राज्य और सरकार के विशाल ढाँचे को तोड़कर, उसमें केंद्रित शक्ति को जनता के छोटे-छोटे समूहों में बाँट देना होगा। आज शासन का ढाँचा उलटे पिरामिड जैसा है। जितना वह जनता से दूर है, उतना ही अधिक शक्तिशाली है। सबसे ऊपर सर्वाधिक अधिकारसंपन्न व्यक्ति बैठा है। और वह जनता से सर्वाधिक दूरी पर है। फिर उसके और जनता के बीच संपर्क की कड़ी के रूप में एक विशाल तंत्र खड़ा हो गया है, जिसके संचालन के नाम पर एक बहुत बड़े शासक वर्ग की उपस्थिति अनिवार्यता का रूप ले चुकी है।

इस उलटे पिरामिड को सीधा करना होगा। जनता के स्तर पर शासन संबंधी अधिकारों का समायोजन करना होगा। समाज का हित किसमें है, उसकी क्या आवश्यकताएँ और समस्याएँ हैं, इनसे सीधा वास्ता रखनेवाले समाज को नीति-निर्धारण एवं योजनाओं के कार्यान्वयन का दायित्व वहन करना होगा। इस प्रकार केंद्रीकृत शक्तियों का विकेंद्रीकरण कर शासन-सूत्र के संचालन का प्रत्यक्ष दायित्व सीधे समाज को सौंपना होगा और इस प्रकार के छोटे-छोटे समाजों के बीच एकता, सहयोग एवं सामंजस्य स्थापित रखने के लिए, इन्हीं के बीच से, जनसेवी सभा का गठन करना होगा।

ग्राम-प्रजातंत्र के आधार पर छोटे-छोटे समूह अर्थात् समाज के सदस्य नियमित बैठक कर समाज के सर्वांगीण विकास को दृष्टि में रख, उसपर विशद रूप में

विचार कर, नीतियों-नियमों का एक सर्वसम्मत स्वरूप तय करें और सब मिलकर उस पर अमल होने की जवाबदेही निश्चित करें। इस प्रकार, जब शासन सही मायने में उनके अपने हाथ की चीज बनेगा, तो जनता के भीतर कर्तव्यपरायणता का विकास होगा और अपने हित-अहित को प्रभावित करनेवाला सूत्र जब सीधे उनके अपने हाथ में आ जाएगा तो वे उसकी सावधानी और ईमानदारीपूर्वक देखभाल तथा साज-सँभाल करेंगे।

स्वतंत्रता और अनुशासन में कोई विरोध नहीं है। जब अनुशासन की प्रेरणा अंतर से स्वाभाविक रूप में निकलती है तो वह स्वतंत्रता की पूरक होती है, विरोधी नहीं। पूँजीवाद में अनुशासन का आधार रहता है विशाल मानवता का संपत्ति-विहीन होकर अपना श्रम बेचने के लिए मजदूर बाजार में जाना और राजकीय शासन-तंत्र के साथ क्रियात्मक सहयोग। इसी तरह, कम्युनिस्ट डिक्टेटरशिप में अनुशासन का आधार है प्रचार और राज्य-सत्ता का निरंकुश बल-प्रयोग। दोनों हालत में अनुशासन, अनुशासन है ही नहीं, बल्कि बलात लादा हुआ नियमों का कठोर बोझ है, शासन है।

अनुशासन और स्वतंत्रता एक ही सिक्के के दो पहलू हैं। जिसके जीवन में अनुशासन नहीं है, वह स्वतंत्रता की प्रतिष्ठा अपने जीवन में नहीं कर सकता। इसी तरह जिसके जीवन में स्वतंत्रता का महान् आदर्श नहीं है, वह अनुशासित भी नहीं रह सकता। स्वतंत्रता का सच्चा प्रेमी केवल अपने लिए स्वतंत्रता नहीं खोजता, बल्कि संपूर्ण मानव-जाति की स्वतंत्रता का आदर करता है और उसकी रक्षा के लिए यत्नशील रहता है। अपनी स्वतंत्रता के साथ-साथ दूसरों की स्वतंत्रता का महान् प्रेम, जीवन में स्वत: अनुशासन का भाव ले आता है, जैसे दूसरों के अधिकारों की रक्षा, कर्तव्य-निष्ठा की प्रेरणा देती है।

दुर्भाग्यवश आज के सामाजिक परिवेश में, जीवन के प्रथम चरण में ही व्यक्ति को मिलते हैं बद्धमूल संस्कार, व्यक्तिगत संपत्ति एवं सुख का मोह। इसलिए सहज अनुशासित जीवन की भावना प्रारंभ से ही, शिक्षाकाल से ही मानव कुमारों के हृदय में जगानी चाहिए।

स्वराज्य या स्वशासन का अर्थ है सद्विचार का अनुशासन। यह अनुशासन बाहर से लादी गई चीज नहीं हो सकती। जहाँ बाह्य-शक्तियों, इतर वर्ग का नियंत्रण

होता है, वहाँ शासन होता है। हम चोरी करेंगे तो पुलिस बल और न्यायालय के सहयोग से हम पर दंड-विधान लागू होगा और हम दंडित होंगे, इस भय से हम चोरी नहीं करते तो यह हुआ शासन। यदि सामाजिक विचार में शासकीय हस्तक्षेप की अपेक्षाएँ मौजूद रहेंगी, सामाजिक आचारों का पालन, दंड-विधान के भय पर आधारित रहेगा, तो शासन मुक्त समाज की कल्पना साकार नहीं होगी। किंतु यदि हमारा सद्‌विवेक, हमारी सहज मनुष्यता हमें चोरी करने से रोकती है, यदि हमारा अंतर हमें अपकर्मों की ओर प्रवृत्त नहीं होने देता तो यह हुआ अनुशासन और एक अनुशासित समाज ही शासनमुक्ति की, स्वराज की पात्रता रखता है। इसके विपरीत इस प्रकार का अनुशासन यदि समाज में नहीं आया तो किसी-न-किसी तरह का अधिनायकवाद, चाहे वह राजनीतिक पार्टियों का हो, पूँजीपति वर्ग का हो, सामंतों का हो या झूठे प्रजातंत्र के परदे से निकलकर आनेवाले लोभियों का हो, आ ही जाएगा।

इसलिए, समाज में सद्‌विचारों का, नैतिक मूल्यों का प्रभाव कायम हो, यह बुनियादी जरूरत है। मनुष्य भी यदि भेड़ों, गायों या हाथी, घोड़ों की तरह गड़ेरिये, चरवाहे या महावत के अंकुश में शिष्ट और संयत व्यवहार करने की बाध्यता रखेगा तो मानव-समाज के स्थान पर जंगल-राज्य ही अस्तित्व में आएगा, जिसमें शक्तिशाली का ही प्रभुत्व रहता है। दूसरी ओर एक अनुशासित समाज में शासन की भूमिका क्रमशः सीमित एवं औपचारिकता मात्र की रह जाएगी।

अनुशासन एक विचारवान समाज में ही कायम होता है। जो समाज अपनी समस्याओं के स्वरूप पर विचार कर, उसकी कारक परिस्थिति को बदलने का प्रयास करने में समर्थ नहीं होगा, उसमें अनुशासन अधिक दिनों तक जीवित नहीं रह सकता। समाज को इस बात पर विचार करना होगा कि वे कौन-कौन सी दुर्बलताएँ हैं, जिनके कारण सत्ता शक्तिशाली होती है और उसपर जनता का अंकुश नहीं रह जाता। अगर हम गौर करें तो पाएँगे कि समाज का फिरकों में बँटा होना, एक शक्तिशाली वर्ग के खड़े होने और निरंकुश आचरण करने का सबसे प्रमुख कारण है।

समाज यदि मजहब, जाति आदि के आधार पर बँटा हो तो वह न तो नीति-धर्म का विचार करने में सक्षम रहता है, न उसके पालन में। अपने-अपने फिरके का हित यदि सर्वोपरि हो उठे तो पूरे समाज का हित कभी नहीं सधेगा। जिस तबके

को समाज के सहयोग की आवश्यकता है उसे नहीं, अपितु जो फिरका संख्या या समृद्धि या अधिकार का बल रखता है, वह सभी साधनों पर वर्चस्व स्थापित कर लेगा। सामाजिक अपराधों के लिए फैसले लेते समय अपराध पर नहीं, अपराधी की जाति आदि दृष्टि में रख न्याय प्रक्रिया की धज्जी उड़ाई जाएगी। इससे फिरकों के बीच संघर्ष की आग फैलेगी और फिर येन-केन-प्रकारेण सत्ता की शक्ति उठ खड़ी होगी।

इसलिए मानव-समाज का प्रथम लक्षण होना चाहिए, फिरका-परस्ती का अंत। हम न हिंदू हैं, न मुसलिम, न ब्राह्मण हैं, न वणिक, न धनी हैं, न गरीब, हम मनुष्य हैं। हम सब के भीतर एक ही आत्मा का वास है। हमारी एक जैसी मानवीय आवश्यकताएँ हैं, मानवीय संवेदनाएँ हैं, अधिकार और कर्तव्य हैं। इस प्रकार की एकता का भाव रखकर जब हम समाज के रूप में संगठित होंगे तो हम नीति-धर्म के अनुरूप आचरण कर सकेंगे और स्वशासन के जरिए समाज को समुन्नति की ओर ले जा सकेंगे।

सामाजिक चरित्र का निर्माण सबसे महत्त्वपूर्ण बात है। कोई भी शासन-व्यवस्था यह कार्य नहीं कर सकती। भय के आधार पर, शक्ति के आधार पर दमन किया जा सकता है, एक यांत्रिक व्यवस्था कायम की जा सकती है, ऐसे मानव-समाज की रचना नहीं की जा सकती, जो सद्विचारों से प्रेरित होकर अनुशासित जीवन जीए।

सद्प्रेरणाओं का मौलिक स्रोत है हमारी मनुष्यता। मनुष्य होने के नाते प्रेम, करुणा, मैत्री जैसी भावनाएँ सहज ही हमारे अंतर में रहती हैं। किंतु एक तो यह हमारा पशु का शरीर है जिसके कारण हिंसा, क्रोध, स्वार्थ जैसी भावनाएँ भी हमसे संलग्न हैं, दूसरे धीरे-धीरे सभ्यता का विकास जिस दिशा में हुआ और उसके अंतर्गत जिस प्रकार की परिस्थितियाँ निर्मित हुईं उनमें भी स्पर्धा, ईर्ष्या, द्वेष, लोभ, अंहकार, स्वार्थ जैसी वृत्तियों को विशेष प्रोत्साहन मिला।

अब एक नए समाज का निर्माण करना है, अनुशासित और स्वस्थ-समुन्नत समाज का निर्माण करना है तो यह प्रबंध करना होगा जिसमें सत्य, प्रेम, करुणा, मैत्री, जैसी सद्प्रवृत्तियों का विकास हो एवं लोभ, क्रोध, स्वार्थ, हिंसा, द्वेष जैसी दुष्प्रवृत्तियाँ विदा लें। इसके लिए शिक्षा और संस्कार के व्यापक सरोकारों की दिशा में हमें नए सिरे से विचार करना होगा और एक सार्थक शिक्षा-प्रणाली का विकास

करना होगा, जिसमें शिक्षित होकर सही मायने में एक सभ्य, सुसंस्कृत सामाजिक मानव अस्तित्व में आए। शिक्षाकाल के समय ही यदि बालकों को, वासनाओं को नियमित और संयत रखना नहीं सिखाया गया तो किसी भी तरह के आदर्श समाज की रचना संभव नहीं।

सृष्टि की श्रेष्ठतम कृति मानव के भीतर वस्तु-स्थिति, संभावना और महान् आदर्श के रूप में तीन स्तर एक साथ विद्यमान रहते है। भौतिक शरीर, प्राण और मन उसकी वस्तु-स्थिति का स्तर है। वस्तु-स्थिति, मानव को पशुता के निकट ही रखती है, किंतु वस्तु-स्थिति के साथ-साथ संभावना और आदर्श भी मानव-अंतर में अंकुर-रूप में विद्यमान रहते हैं। इन दोनों स्तरों के अंकुरण ही मानव को पशु की दुनिया से अलग करते हैं। मानव का आधार है भौतिक शरीर, प्राण और मन तथा इनकी आहारादि आवश्यकताएँ हैं, जिनकी पूर्ति आवश्यक है। जिसे दोनों शाम भोजन न मिले, उससे महान् आदर्शों की पूर्ति की आशा रखना बालू पर महल उठाने के समान है। किंतु आवश्यकताओं के अतिरिक्त उनमें जलती रहती है उद्दाम-भोग की लिप्सा; जो इन्हें इसी स्तर में आबद्ध कर देती है। परंतु इन भूखे पशुओं के भीतर संयमित मानव होने की संभावना है। इन संभावित अंकुरों का प्रस्फुटन होता है—शिक्षा, संस्कार, परिवार और समाज के वातावरण से। जो शिक्षा-पद्धति मानव के अंतर से व्यक्तिवादी भोग-कामनाओं के अंकुरों की सफाई कर उन्हें मानव-बंधुत्व की भावना से समाज में रहना सिखाती है अर्थात् उन्हें मनुष्य बनाती है, वह स्वस्थ समाज-निर्माण की नींव देती है। एंगेल्स ने 'परिवार की उत्पत्ति' में लिखा है—"वयस्क युवकों की सहिष्णुता, ईर्ष्याहीनता, पहली शर्त है बड़े और स्थायी समाजों के गठन की, जिन समाजों में मनुष्य पशुता से ऊपर उठकर मनुष्य बनता है।"

शिक्षा का अर्थ क्या है? क्या शिक्षा का अर्थ है, विद्यार्थी को एक खास ढाँचे में ढाल देना? क्या उन्हें गणित की, विज्ञान की, भाषा की जानकारी देकर, तकनीकी ज्ञान में कुशल बनाकर अच्छी आजीविका प्राप्त करने में सक्षम बना देना ही शिक्षा का अर्थ है? क्या शिक्षा का अर्थ है परीक्षाओं में उत्तीर्णता हासिल करना, डिग्री और नौकरी प्राप्त करना, विवाह करना और जैसा भी समाज है उसमें व्यवस्थित

हो जाना? अगर हम अपना पूरा ध्यान परीक्षाओं पर, तकनीकी ज्ञान पर, बच्चों को जानकारी इकट्ठी करने में कुशल बनाने पर, उन्हें चतुर, महत्त्वाकांक्षी और प्रतियोगी बनाने पर केंद्रित रखेंगे और अन्य पक्षों को उपेक्षित कर देंगे तो हम एकपक्षीय, आधे-अधूरे मनुष्य का निर्माण करेंगे। अगर हम विद्यार्थियों को मात्र एक भौतिकशास्त्री या गणितज्ञ या कुशल नर्तक बनाने पर ही पूरा ध्यान केंद्रित कर देंगे तो क्या होगा? वह मात्र गणितज्ञ नहीं बनेगा, नर्तक ही नहीं बनेगा कुछ और भी बनेगा। वह ईर्ष्यालु, लोभी, कुंठित, महत्त्वाकांक्षी भी बन जाएगा। इस प्रकार की अधूरी शिक्षा से गुजरकर समाज का जो रूप सामने आएगा, उसमें सांमजस्य और प्रेम का घोर अभाव रहेगा, क्योंकि हमने एक क्षेत्र, ज्ञानात्मक अनुशासनों एवं तकनीकी के क्षेत्र पर तो पूरा ध्यान दिया, किंतु अन्य क्षेत्रों, मनुष्य के आंतरिक अनुशासन एवं सामंजस्य के क्षेत्र की उपेक्षा कर दी।

जब हम एक विद्यार्थी को मात्र आजीविका प्राप्त कर लेने में सक्षम बनाकर छोड़ देते हैं तो साथ ही उसके साथ सफलता और हताशा की संभावना भी जोड़ देते हैं। वह जीवन में सफलता प्राप्त करना भी चाहता है अर्थात् महत्त्वाकांक्षा और स्पर्धा की दौड़ में शामिल होता है और शांति भी पाना चाहता है। और इस प्रकार उसके जीवन में घोर विसंगति घर कर जाती है। जितना ही अधिक वह अपने ज्ञान और तकनीकी क्षमता में वृद्धि करता जाता है, उसकी महत्त्वाकांक्षा बढ़ती जाती है और उसी अनुपात में उसकी निराशा भी, क्योंकि इन सबका कहीं अंत नहीं होता। अत: प्रश्न है क्या हम उन्हें ऐसी शिक्षा दे सकते हैं, जो उन्हें एक पूर्ण मनुष्य (Complete man) बनाने में सहायक हो, समर्थ हो? परिपूर्ण शिक्षा ही एक परिपूर्ण मनुष्य का, मानव-जीवन का निर्माण कर सकती है।

~ ❀ ❀ ~

शिक्षा का लक्ष्य है जीवन-निर्माण। मनुष्य का जीवन कैसा होना चाहिए, इसे यदि दृष्टि में रखें तो शिक्षा के स्वरूप का निर्धारण किया जा सकेगा। एक ओर प्रकृति और समाज के नियमों-अनुशासनों को स्वीकार कर सांसारिक जीवन को मर्यादित भाव से चलाते हुए समुन्नत बनाना है, दूसरी ओर विश्व-चेतना से व्यक्तिगत चेतना का संबंध जोड़ना है अर्थात् विज्ञान और अध्यात्म (Science and Spirituality) का सच्चा मेल जीवन में लाना है।

यह महान् कार्य विद्या (Learning) के द्वारा ही संभव है। विज्ञान ने प्रकृति का ज्ञान हमें दिया है। उसने प्रकृति के भीतर छिपे गूढ़ सत्य को अनावरित—

उद्‌घाटित किया है। विज्ञान के द्वारा हमें इस सत्य का परिचय मिला कि सृष्टि नियमों में बँधी हुई है। इन नियमों–प्रक्रियाओं का ज्ञान प्राप्त करना मनुष्य के लिए आवश्यक है। विज्ञान के आधार को छोड़कर धर्म और अध्यात्म टिक नहीं सकते, अपना शुद्ध स्वरूप कायम नहीं रख सकते।

लेकिन प्रकृति के रहस्यों का ज्ञान प्राप्त करके आज का बौद्धिक वर्ग इसे 'प्रकृति पर विजय' कहकर विज्ञापित करता है और वैज्ञानिक अनुसंधान की महान् भावना को नष्ट कर देता है। सूरज, चाँद, धरती, वृक्ष, पशु आदि के साथ रहनेवाला, प्रकृति की गोद में खेलनेवाला मनुष्य उसका विजेता क्यों बनना चाहता है? उसके नियमों को समझकर, वह उनसे लाभान्वित होते हुए, उनके साथ सहृदयता की भावना क्यों नहीं रख सकता?

स्पष्ट है कि उसका सांस्कृतिक पक्ष समृद्ध नहीं हुआ।

□

5

विज्ञान और अध्यात्म परंपरा से आगे

विज्ञान ने प्रकृति के रहस्यों का अन्वेषण किया तो दूसरी ओर धर्म ने मानव जाति को यह महान् ज्ञान दिया कि प्राकृतिक-शक्तियों और नियमों के परे और उसके मूल में एक महान् विश्व-चेतना है। वही जीवन का सार है, जीवन को देनेवाला है। उसके स्पर्श को छोड़कर, मानव जाति कभी सुखी नहीं हो सकती। उसका परिचय नहीं मिलेगा तो सहजीवन के लिए आवश्यक सच्ची आत्मीयता कभी प्रकट नहीं होगी।

इसका आधार देना भी शिक्षा का महत्त्वपूर्ण लक्ष्य होना चाहिए। इस रस की प्राप्ति भी विद्या से ही होती है—विद्ययाऽमृतमश्नुते। सामान्य और विशेष, दोनों का स्वस्थ ज्ञान देना विद्या का प्रधान लक्ष्य है। संस्कृत भाषा के अनुसार, एक दृष्टि से विद्या ही साध्य है, विद्या ही पाथेय है।

भारतवर्ष ने ब्रह्म की चर्या को ही जीवन के प्रथम भाग का मुख्य कार्य माना था। ब्रह्मचर्य और विद्याध्ययन एक ही वस्तु थे—सिद्धांत और व्यवहार दोनों दृष्टि से इसकी भूमिका विद्याध्ययन-काल में ही कुमारों के दिल में बैठा दी जाती थी। इस अवधि में ब्रह्म अर्थात् सर्वात्म का स्पर्श लेकर, और आवश्यक विषयों का ज्ञान और हुनर प्राप्त कर, युवक गृहस्थ जीवन में प्रवेश करता था। फलतः महान् सत्यों का आधार जीवन में लेकर ही व्यक्ति संसार के कार्य क्षेत्र में उतरता था और वह सहज ही परिवार, संसार, समाज की आवश्यकताओं के साथ, महान् आदर्शों का संतुलन जीवन में रख सकता था। एक परिपूर्ण मानव-जीवन इसी से खड़ा होता है।

पहले ही कहा जा चुका है कि मानव का भौतिक आधार अर्थात् शरीर, मन,

प्राण का स्तर पशुता के निकट के हैं। इन संभावनाओं के दो चरण हैं—पहला, जो उसे मनुष्य बनाता है और दूसरा जो उसे श्रेष्ठ मनुष्य बनाता है। पहले चरण की संभावना शिक्षा और संस्कृति से चरितार्थ होती है। विद्यार्थी, जीवन की आवश्यकताओं की पूर्ति के लिए तरह-तरह के हुनर और उद्योग में कुशलता प्राप्त करता है; जीवन और समाज में माधुर्य लाने के लिए संगीत, चित्रकला, शिल्प आदि में प्रवीणता प्राप्त करता है, साथ ही साथ दूसरों के लिए जीना सीखता है अर्थात् वह मनुष्य बनता है। डॉ. जॉनसन ने भद्रपुरुष (Gentle man) की परिभाषा देते हुए कहा था, "A gentleman is he who gives more to the world than what he takes." भद्र व्यक्ति वह है जो संसार से जितना ले उससे अधिक वह संसार को दे जाए। यह मनुष्य के सांस्कृतिक विकास की परिपूर्ति है।

अब मनुष्य के भीतर छिपी संभावना का तीसरा चरण प्रारंभ होता है जब सामूहिक चेतना का परिचय सैद्धांतिक और व्यावहारिक, दोनों रूपों में प्राप्त कर वह गुणातीत, अनामी सत्ता से संपर्क के लिए व्यक्तिगत व सामूहिक चेष्टा में प्रवृत्त होता है। इन आदर्शों के बीज शिक्षा-काल में ही न डाले जाएँ तो 'समाज के लिए जीने का भाव' ही कभी पूर्णतः विकसित नहीं होगा और व्यक्ति आवश्यकता और आदर्श के बीच से संतुलित मध्यम-मार्ग को कभी दृढ़ता से पकड़ नहीं सकेगा।

इसकी प्रधान जिम्मेदारी शिक्षा-संस्थाओं पर है। पूरे विश्व की शिक्षा पद्धति में आमूल परिवर्तन न हो तो सामूहिक चेतना का परिचय और अवगाहन विशाल मानवता के लिए असंभव ही रहेगा।

जिसे हम व्यक्तिगत चेतना कहते हैं उसे ही दर्शन के आचार्यों ने जीव-भाव कहा है। इसी तरह जो सामूहिक या विश्व-चेतना है उसे उपनिषदों ने ब्रह्म-भाव कहा है। पूरे विश्व के साथ एकात्मकता का भाव ही एक ओर ब्रह्मचर्य है, दूसरी ओर मानव-समाज के संघटन का वैज्ञानिक आधार है।

मानव की दृष्टि में प्रथमतः संसार एक अद्‌भुत विश्रृंखलित प्राणियों, पदार्थों और क्रियाओं का समूह मालूम होता है। कहीं वृक्ष है, कहीं पशु, कहीं मनुष्य, कहीं मिट्टी, पानी, हवा, कहीं सूरज, कहीं चाँद, दिन, रात, वर्षा, आँधी···। धीरे-धीरे वह अनुभव करता है कि मिट्टी, पौधा, सूरज, आदमी, जैसी विभिन्नताओं में एक गहरा संबंध है। और यह संबंध इतना आधारभूत है कि इन संबंधों को छोड़कर सृष्टि की स्थिति ही नहीं रह सकती। इन पदार्थों की रूपरेखा और इनका आपसी

संबंध समझना समाज की जीवन-यात्रा के लिए भी आवश्यक बन जाता है।

इसी प्रयास में एक ओर दर्शन और अध्यात्म दूसरी ओर विज्ञान की नींव पड़ती है। दार्शनिक और विचारक सृष्टि के मौलिक आधारों और संबंधों के प्रश्न हल करते हैं। ऐसा करने के लिए वे वस्तु-निरीक्षण और तर्क-प्रणाली का सहारा लेते हैं। तर्क-प्रणाली का आधार भी वस्तु-निरीक्षण अर्थात् प्रत्यक्ष ज्ञान ही है। इस प्रत्यक्ष ज्ञान की सूक्ष्मताओं का विश्लेषण विज्ञान करता है। प्रकृति निरीक्षण, पदार्थ-विश्लेषण अर्थात् वस्तु-ज्ञान अर्थात् विज्ञान जितना ठोस होगा, उतना ही दर्शन की आधारभूत शिला मजबूत होगी।

~❀❀~

विज्ञान ने अब स्पष्ट रूप से स्वीकार किया है कि भौतिक-जगत् के मूल में केवल शक्ति-तरंग है। दूसरी ओर अध्यात्म कहता है कि विभिन्न चेतनाओं के मूल में एक ही चेतन-तरंग है। इन दोनों महान् सत्यों की स्वीकृति मानव-जाति को स्वस्थ जीवन की नई दिशा दे सकती है। मानव-अंतर को व्यक्तिगत इकाइयों में टुकड़े-टुकड़े बाँटकर आर्थिक और सामाजिक एकता हासिल नहीं की जा सकती। पूरी सृष्टि के साथ आंतरिक एकता का भाव स्थापित कर ही किसी भी प्रकार की स्वस्थ समाज-व्यवस्था खड़ी की जा सकती है। इस आंतरिक एकता की स्थापना के साथ ही उसके अनुकूल अर्थव्यवस्था और समाज-व्यवस्था स्वयं बन जाती है या चेष्टा कर उन्हें बनाया जा सकता है। तभी बाह्य और अंतर के बीच संतुलन का जन्म होता है। यह संतुलन नहीं तैयार हुआ अर्थात् अंतर में सामूहिक एकता की अनुभूति और बाहर तदनुरूप समाज व्यवस्था, दोनों ही आधार तैयार नहीं हुए तो वह व्यवस्था टिकाऊ सिद्ध नहीं होगी।

इसलिए विज्ञान और अध्यात्म का मेल आज सामाजिक जरूरत बनकर प्रकट हुआ है। व्यक्ति के जीवन में जब तक संपूर्ण क्रांति नहीं होगी, समाज में संपूर्ण क्रांति की आशा व्यर्थ है। भोग-लोलुप मानव इतना चतुर और चालाक हो गया है कि समाज के सभी ढाँचों को तोड़कर वह भोग-तृप्ति में डूबा रहेगा। ईर्ष्या, द्वेष, क्रोध, भोग-लालसा से जलता हुआ व्यक्ति का अंतर भूखे भेड़िये की तरह, जो कुछ भी सत्य है, कल्याणकारी है, उसे नोच, खसोटकर नष्ट-भ्रष्ट कर देगा। इस राक्षसी 'मैं' को संयमित नहीं किया गया तो महान् प्रयत्न विफल हो जाएँगे। विज्ञान और अध्यात्म आधारित शिक्षा ही इस 'मैं' को संयमित कर सकती है।

~❀❀~

एक अमरीकी विद्यार्थी से प्रश्न पूछा गया कि इतना साधन-संपन्न होते हुए भी अमरीका के नौजवानों की विश्रृंखलित मनोभावना क्यों है? उस युवक ने एक अत्यंत मार्मिक उतर दिया, "विज्ञान ने हवाई जहाज पर उड़ना और चंद्रमा को छूना तो सिखाया पर उसने रहना और जीना नहीं सिखाया।" सच तो यह है कि मनुष्य बनाना, जो शिक्षा-संस्थाओं का सबसे प्रधान ध्येय रहना चाहिए था, उसका कोई चिह्न शिक्षा-संस्थाओं में नहीं रह गया है। मानव-जाति के संकट के मूल में सबसे बड़ी कठिनाई आज क्या है? इस प्रश्न पर विचार करें तो स्पष्ट समझ में आएगा कि व्यक्तिवादी भावनाओं का सीमाविहीन जागरण, समाज-निर्माताओं के सभी प्रयत्नों को विफल कर रहा है। मानव के अंतर में रहनेवाली पशुता उद्दाम वेग से जग पड़ी है, भोग-लिप्सा की तृप्ति के लिए जो कुछ भी सत्य है, सुंदर है, कल्याणकारी है, सबको अपने पैरों के नीचे रौंदकर वह क्षणिक सुख-भोग की तृप्ति चाहती है। प्रत्येक व्यक्ति दूसरों को पीछे छोड़ अथवा उन्हें आघात पहुँचाकर भी, अपने को आगे बढ़ाना चाहता है। इस तरह की अनैतिक प्रतिद्वंद्विता में जो शामिल नहीं हो सकता, उसे जीवन की साधारण आवश्यकताओं से भी वंचित रह जाना पड़ता है।

परिणामस्वरूप समाज में यह मान्यता दृढ़ हो गई है कि आदर्शों की चर्चा व्याख्यान वगैरह देने के लिए अच्छी है, परंतु व्यवहार में 'येन-केन-प्रकारेण' सफलता प्राप्त करनी चाहिए। ऐसी भावनाओं के मूल में है मानस के साथ लगा हुआ 'विशेष' व्यक्तित्व का आधार। इस 'मैं' के स्थान पर 'हम' का जन्म नहीं हुआ तो सामाजिक जीवन विघटित हो जाएगा। इसकी स्थापना तभी संभव है जब सिद्धांत, व्यवहार और अनुभूति तीनों स्तरों पर, व्यक्ति-विशेष की चेतना का सामूहिक सामान्य चेतना से संबंध जोड़ा जाए। इसका आधार युवकों के जीवन में किस प्रकार दिया जाए, यह महान् प्रश्न शिक्षा-प्रेमियों के सामने है।

आज शिक्षा की जो पद्धति है वह महत्त्वाकांक्षा और प्रतिद्वंद्विता पर आश्रित है। समाज, पद, प्रतिष्ठा और धन का पुजारी है। इसलिए पहले से ही यह तय कर लिया जाता है कि बच्चे को बड़ा होकर क्या बनना है। एक प्रकार से आज के बच्चे अपने माता-पिता की महत्त्वाकांक्षा की पूर्ति करने का साधन बन जाते हैं। फिर स्वयं उनके भीतर भी उसी प्रकार की महत्त्वाकांक्षा पैदा की जाती है। अवसर कम हैं और छात्र अधिक। इसलिए अपनी महत्त्वाकांक्षा की पूर्ति के लिए उनमें आपस

में होड़ सी लग जाती है। साथ-साथ शिक्षित होनेवाले छात्र सहपाठी नहीं, प्रतिस्पर्धी हो जाते हैं और कक्षाओं में ऐसा वातावरण तैयार करना शिक्षकों की योग्यता का प्रमाण माना जाता है।

इस प्रकार इस भीषण प्रतियोगी माहौल में सफलता प्राप्त करने के लिए विद्यार्थी अपना हर क्षण पुस्तकीय ज्ञान अर्जित करने में खपा देते हैं। आज के छात्रों का जीवन पुस्तकों में खो गया है। उन्हें प्रकृति की ओर, समाज की ओर झाँकने तक की फुरसत नहीं। आकाश, वृक्ष, पक्षी, नदी और पहाड़, फूल और रंग-बिरंगे कीट-पतंगे या खेत-खलिहान, किसानों का कृषि कार्य, श्रमिकों की बदहाली या सामाजिक कुप्रथाएँ आदि विषय उनके जीवन से बहिष्कृत हो गए हैं। देखना, सुनना, सीखना—कक्षा के क्रिया-कलापों को नहीं, जीवन के वृहत संदर्भों को अपनी सजग, सतर्क जागरूकता में प्रवेश करने देना इनकी गतिविधि का हिस्सा नहीं बनते।

कुल मिलाकर यह पूरा वातावरण ही संवेदनशीलता का पूर्ण हनन करनेवाला सिद्ध होता है। और एक संवेदनहीन मनुष्य कभी भी न तो अपने भीतर इसलिए न अपने बाहर व्यवस्था और क्रम, सामंजस्य और समरसता की सृष्टि कर सकता है।

इस भौतिक जगत् की दीख पड़नेवाली विभिन्नता के भीतर मौलिक एकता का वैज्ञानिक स्वरूप ऊर्जा-तरंग एवं आध्यात्मिक सत्य सच्चिदानंद का सम्यक परिचय मनुष्य को नहीं मिला तो सामाजिक एकता और पारस्परिकता भी कायम होनेवाली नहीं हैं। परंतु केवल बौद्धिक सामान्य के ज्ञान से सामान्य के साथ जीवन-संबंध स्थापित नहीं होता। मानव-हृदय का मुख्य बिंदु रस-भोग है। वह जीवन में सुख, शांति और रस खोजता है। अगर उसे स्वास्थ्यप्रद रस-भोग का मार्ग नहीं मिलेगा तो वह गंदे म्यूनिसिपल पनालों के पास तृषित होकर दौड़ेगा। इस उद्दाम भूख के वेग को कोई ज्ञान या सद्बुद्धि रोक नहीं पाएगी। इसलिए शिक्षा-संस्थानों में विद्यार्थियों को इस सामान्य के रस-भोग की स्वास्थ्यप्रद प्रक्रिया भी बतानी चाहिए। इन प्रक्रियाओं पर रहस्य का परदा डाल, उन्हें आश्रमों और मठाधीशों के हाथों छोड़ देना मानव जाति के प्रति अपराध होगा।

विद्यालयों की खुली हवा में ही इस विषय पर प्रयोग होना चाहिए और यदि सारे विश्व में सच्चाई के साथ प्रयोग हुआ तो मानव-जाति को इसकी अनुकूल प्रक्रिया भी, थोड़े ही समय में मिल जाएगी। आरंभ में ध्यान की प्रक्रिया विश्व की शिक्षा-संस्थाओं में विद्यार्थियों को बता देनी चाहिए। भारतवर्ष ने विश्व-संस्कृति

को, जो सबसे बड़ी चीज दी है, वह है, ध्यान की प्रक्रिया। मनुष्य बाहरी दुनिया के आस्वादन का इस तरह अभ्यस्त हो चला है कि अंतर की गहराइयों से उठनेवाली प्रेरणाओं की ओर वह ध्यान नहीं देता। बहुत से बहुत वह अंतर के विचारों-भावनाओं में मशगूल रहता है। किंतु गहराई में, जहाँ न विचारों की पहुँच है, न भावनाओं का स्पर्श, वहाँ क्या है, उसके अनुसंधान, आत्मानुसंधान की प्रेरणा उसे नहीं होती। अध्ययन-काल में ही उसकी प्रेरणा जगाई जाए और इसकी योग्य प्रक्रिया सिखाई जाए तो महासामान्य का परिचय उपलब्ध होने में सहायता मिलेगी और उसमें सन्निहित रस-बोध से अंतर तृप्त भी होगा।

साधनविहीन व्यक्ति महान् आदर्शों को धारण नहीं कर सकता। विशेषकर जब परिस्थितियाँ नितांत प्रतिकूल हों, सामाजिक जीवन में चौतरफे अध:पतन का वातावरण तैयार हो गया हो, स्वस्थ मूल्यों और आदर्शों के लिए कोई आकर्षण न रह गया हो, ऐसे में धारा के विरुद्ध तैरना, मूल्यबोध पर कायम रहना तभी संभव होता है जब अंतर में गहरी निष्ठा के साथ-साथ प्रेम, करुणा, शांति आदि भाव बोध के स्तर पर चिर जाग्रत् रहें। साधना अंतर की परीक्षा करने, अंतर का अनुसंधान कर उसकी सच्ची समझदारी हासिल करने एवं उसके पार जाकर जीवन की मौलिक एकता का भान हासिल करने में हमें सक्षम बनाती है। शिक्षाकाल में युवक इस प्रकार की बोध-संपन्नता हासिल नहीं करेंगे तो वे एक डॉक्टर बनकर, इंजीनियर बनकर, अधिवक्ता और शिक्षक बनकर भी संसार की स्पर्धा, द्वेष, महत्त्वाकांक्षा, हिंसा, लालच का अंग बन जाएँगे, हिंसक, क्रूर और भोगी समाज का हिस्सा बनकर, व्यवस्था में खप जाएँगे।

इसलिए जैसे शरीर के स्वास्थ्य के लिए शारीरिक व्यायाम की शिक्षा स्कूलों में दी जाती है, उसी प्रकार मानसिक स्वास्थ्य के लिए, सच्ची मनुष्यता विकसित करने के लिए साधना का प्रवेश भी स्कूली शिक्षा में अनिवार्य रूप में होना चाहिए। 'मॉरल साईंस' जैसे विषय मनोभावना के निर्माण में सहयोगी हो सकते हैं, किंतु आंतरिक स्तर पर यदि अनुभव का स्पर्श नहीं मिला, अंतर बोध-संपन्न नहीं हुआ तो मात्र मनोभावना के सहारे, 'एटीट्यूड फॉरमेशन' (Atitude formation) के सहारे दृढ़ चरित्र का निर्माण नहीं किया जा सकता, न ही व्यक्ति और समाज में क्रांतिकारी परिवर्तन ही लाया जा सकता है।

इसलिए एक संपूर्ण मनुष्य (Total man) न कि मात्र तकनीकी मनुष्य के

विकास के लिए योग्य साधन-प्रक्रिया का अभ्यास (Practice) स्कूलों में कराया जाए, इसकी अनिवार्यता महसूस की जानी चाहिए।

आधुनिक शिक्षण का एक बड़ा दोष यह है कि इसमें जीवन और शिक्षण के बीच बहुत बड़ा अंतराल आ जाता है। शिक्षण काल में व्यापक जीवन का, जीवन के उद्योगपरायणता का संपर्क नहीं मिलता और शिक्षण में जो विषय तथा उनके विस्तृत पाठ्यक्रम हैं, उनका जीवन के वृहत क्षेत्रों में कोई उपयोग नहीं होता। इसलिए शिक्षण का ऐसा स्वरूप बनाना होगा जिसमें जीवन और शिक्षण साथ-साथ चलें, जीवन के मध्य शिक्षण मिलता चले और शिक्षण से जीवन समुन्नत हो।

जीवन व्यवहार के जो आवश्यक क्षेत्र हैं, उनकी जानकारी छात्रों को दी जानी चाहिए। आरोग्य, आहार आदि का ज्ञान, स्वच्छता का ध्यान और घर की, कपड़े की, अपने शरीर की स्वच्छता बनाए रखने की विद्या, कृषि और बागवानी एवं जीवनोपयोगी उद्योग चलाने की कार्यकुशलता आदि विद्यार्थी जीवन का अंग बनने चाहिए। इन सबों के लिए उनमे कर्म-निष्ठा पैदा करने की आवश्यकता है। शारीरिक कर्म के प्रति पूरे युग में अवमानना या अपेक्षा का भाव घर कर गया है। इस आराम तलबी के कारण एक तो भोगपरायणता बढ़ती गई है, दूसरी ओर दूसरे के श्रम पर जीने और सुख लेने की प्रवृत्ति जड़ जमा चुकी है, जिससे शोषणमूलक प्रवृत्तियाँ फैलती गई हैं। इसलिए प्रत्येक दिन शारीरिक श्रम का अभ्यास बने और स्वावलंबन की भावना विकसित हो, इस प्रकार के शिक्षण का कार्यक्रम तैयार होना चाहिए।

शिक्षण और जीवन के वातावरण में यदि अधिक अंतर रहेगा तो शिक्षा के अवदानों से जीवन समृद्ध नहीं हो सकेगा, फलतः शिक्षा की भी प्रासंगिकता समाप्त हो जाएगी। इसलिए जीवनोपयोगी शिक्षा ही नहीं, जीवनमय शिक्षा का प्रयोग हो, इसकी आवश्यकता है। फिर जीवन और शिक्षण के बीच अपरिचय और अनजानेपन की विषम समस्या नहीं खड़ी होगी।

मौजूदा शिक्षा-पद्धति आमूल परिवर्तन खोज रही है। शिक्षा के उद्देश्य में, विषय और पाठ्यक्रम में, परीक्षा के स्वरूप में और शिक्षित करने की प्रणाली में। प्रथम तो यह उद्देश्य तय करना होगा कि शिक्षा का उद्देश्य डॉक्टर, इंजीनियर, प्रशासनिक अधिकारी, व्यापार-प्रबंधक आदि तैयार करना नहीं, अपितु एक परिपूर्ण

मनुष्य (whole man) तैयार करना है। इसलिए भाषा, गणित, विज्ञान आदि विषयों के ज्ञान के साथ-साथ साधना (Spiritual Practices) भी स्कूली पाठ्यक्रम का अंग बनना चाहिए। साधना से न केवल सद्गुणों के विकास में, अंतर में निहित मनुष्यता की उच्च संभावनाओं के विकास में सहायता मिलेगी, अपितु उस सामूहिक चेतना का परिचय भी प्राप्त हो सकेगा जिसमें एकता और अपनत्व की भावना को सहज ही प्रतिष्ठित कर देने की गुणवत्ता है।

परीक्षाओं का जो मौजूदा स्वरूप है उसमें अनेक प्रकार की सामाजिक व्याधियों के कीटाणु मौजूद हैं। प्रतियोगिता की भावना सबसे बड़ा रोग है और आज की परीक्षाओं का जो स्वरूप है उससे प्रतियोगिता की, स्पर्धा की भावना बचपन से ही बच्चों के मानस का हिस्सा बन जाती है। फिर इसी के साथ जुड़ी हुई ईर्ष्या, द्वेष, हिंसा आदि भी बलवती होती हैं। इसलिए ऐसी पद्धति का विकास करना होगा जिसमें विद्यार्थी की योग्यता का आकलन तो होता जाए किंतु उनके बीच तुलना या आपसी होड़ की भावना न पनपे।

आज पुस्तकीय ज्ञान पर ही सारा ध्यान केंद्रित कर दिया जाता है; फलतः विद्यार्थी पुस्तक से बाहर का जो वृहत संसार है उससे अपरिचित ही रह जाता है। वहीं चीजों को अच्छी तरह देख-सुनकर, उसका सूक्ष्म निरीक्षण कर, उससे समझदारी हासिल करने की पद्धति का भी ज्ञान उसे नहीं हो पाता। इसलिए शिक्षा का ऐसा ढंग भी विकसित करना होगा, जिसमें प्रकृति का अवलोकन, समाज का व्यापक निरीक्षण और साथ में अपने विचारों-भावनाओं का निरीक्षण करने की क्षमता का विकास हो। संवेदनशीलता, कर्तव्यपरायणता के विकास के लिए यह आवश्यक है।

एक शिक्षित मनुष्य में प्रज्ञापूर्वक विद्रोह करने की क्षमता होनी चाहिए। शिक्षण काल में आपने जो कुछ सीखा, जाना, सच्चाई और न्याय पर चलने की प्रेरणा पाई, सेवा और सहयोग की शिक्षा पाई, समाज में यदि उसका दर्शन नहीं हो रहा हो तो प्रचलित सामाजिकता के विरुद्ध जाना और अपने द्वारा उपलब्ध ज्ञान के अनुरूप समाज का स्वरूप कायम करना अर्थात् विद्रोह की क्षमता का परिचय देना एक आवश्यक मानवीय गुण है। सबकुछ जान-समझकर भी, यदि हम निश्चेष्ट हो समाज की कुपथगामिनी धारा में बहते रहे तो यह हमारे शिक्षित होने का लक्षण नहीं। एक शिक्षित मनुष्य केवल राह पर चलना नहीं जानता वह राह बनाना भी जानता है। वह शिक्षा जो हमें चालू व्यवस्था में खपाकर उसका अंग बना देती है

एक परिपूर्ण मनुष्य का नहीं, व्यवस्था के पुर्जे का निर्माण करती है।

जीवन सत्यशोधन की, विचारशोधन, भावशोधन, व्यवस्थाशोधन और आत्मशोधन की, एक अंतहीन प्रक्रिया है। समाज में शोधन की यह प्रक्रिया जब शिथिल पड़ जाती है तब विसंगतियों, विद्रूपताओं का जन्म होता है। इन्हें यदि हम स्वीकार कर लें और तदनुरूप अपने आचरण और जीवनमूल्यों को ही बदल लें तो हमारे शिक्षित-प्रज्ञावान् होने का कोई अर्थ नहीं। ज्ञान इकट्ठा करना नहीं, प्राप्त ज्ञान के प्रति दृढ़ आस्था रखना और अपनी आस्था को जीकर दिखाना, शिक्षित होने का प्रमाण है। इसलिए समझदारीपूर्वक विद्रोह करना जीवन और शिक्षण दोनों का चिह्न है। नए के निर्माण में अस्वीकार और विद्रोह की रचनात्मक भूमिका होती है।

मानव की समस्याओं के मूल में है, शक्ति और योग्यता का असंतुलन। शक्ति कोई भी हो, अपने आप में निरपेक्ष होती है। वह यह देखने नहीं जाएगी कि उसका सदुपयोग हो रहा है या दुरुपयोग या वह अनुपयोगी होकर रह गई है। आग की शक्ति है। आप उससे घर का चूल्हा भी जला सकते हैं, किसी का घर भी जला सकते हैं या आवश्यकता होने पर भी उसे यूँ ही पड़ी रहने दे सकते हैं। वह कोई प्रतिरोध या अस्वीकार की मुद्रा में नहीं आनेवाली। किंतु उसे धारण करनेवाला मनुष्य कैसा है यह तय करेगा कि आग का सदुपयोग होगा या दुरुपयोग। वह भला है तो उसकी सहायता से सबों के घर में दीपक का उजाला भर देगा, दुष्ट हुआ तो दूसरों के घरों में आग लगाएगा। इसलिए शक्ति को धारण करनेवाले मनुष्य की योग्यता यह तय करेगी कि उस शक्ति का कैसा प्रयोग हो रहा है?

दूसरी ओर, योग्यता हो, किंतु शक्ति ही न हो, तो भी कोई काम नहीं बनेगा। चारों ओर अँधेरा फैला है और आपमें उस अँधेरे को दूर करने की मंगल कामना भी है, किंतु यदि आग नहीं है तो अँधेरा कट नहीं सकता। प्रकाश के लिए आग की जरूरत होगी ही होगी। इसलिए शक्ति और उसे धारण करनेवाले की योग्यता में जब संतुलन और सामंजस्य कायम होगा, तभी समाज में सुख और शांति का वातावरण तैयार करने में मदद मिलेगी।

अत: दोनों ही स्तरों पर काम होने की आवश्यकता है। समाज की आवश्यकताओं को ध्यान में रखते हुए अपेक्षित परिमाण में शक्ति का विकास और उसी अनुपात में मनुष्य की योग्यता का निर्माण हो, दोनों आवश्यक हैं। किंतु प्राथमिकता योग्यता-निर्माण को ही मिलनी चाहिए, क्योंकि योग्यता के बाद ही शक्ति की प्राप्ति होना

हितकर है। योग्यता आ जाए और शक्ति कम भी पड़े तो सामाजिक-कल्याण के कार्य बाधित तो होंगे, किंतु समाज का अहित नहीं होगा। किंतु शक्ति प्राप्त हो गई और योग्यता नहीं आई तो भीषण अकल्याण की सृष्टि हो सकती है।

एक समय था, जब मनुष्य के हाथ में सीमित शक्ति थी। तब यह समस्या थी कि इस सीमित शक्ति से, उतने संसाधन कैसे हासिल किए जाएँ, जिनसे सभी लोगों की आवश्यकताएँ पूरी की जा सकें। लेकिन तब मनुष्य की अयोग्यता से उत्पन्न खतरे भी सीमित थे। लाठी, भाले, तलवार में दूर तक मार करने की क्षमता नहीं थी, इसलिए उनके द्वारा मात्र प्रयोग-क्षेत्र में संहार का खतरा होता था। विज्ञान के विकास के साथ-साथ शक्ति के क्षेत्र में भी बहुत प्रगति हुई। आशा जगी कि अब विशाल मानवता के लिए भोजन, वस्त्र, मकान, आरोग्य, शिक्षा, काम के औजार आदि का प्रबंध हो सकेगा। यह सब तो नहीं हुआ, परमाणु शक्ति हाथ में आ जाने से व्यापक संहार का खतरा जरूर उत्पन्न हो गया है। आज विज्ञान के पास वह शक्ति आ गई है कि वह घर बैठे दुनिया के एक बड़े हिस्से का विनाश कर सकती है। इसका छोटा संस्करण 'हिरोशिमा' और 'नागासाकी' में दुनिया देख चुकी है और उससे भी छोटे स्तर के प्रयोग तो आज विश्व में सरकारी-गैरसरकारी संगठन खुल्लमखुल्ला कर रहे हैं। अयोग्य आधार पर शक्ति का जागरण विनाशकारी रूप ले लेता है। वह चाहे पदार्थ की शक्ति हो, धन की शक्ति, जनशक्ति हो, ज्ञान की शक्ति हो या ध्यान की, योग की ही शक्ति क्यों न हो। कहते हैं, राम की कुंडलिनी जगी हुई थी तो रावण की भी जगी ही हुई थी। फर्क यही था कि राम की कुंडलिनी-शक्ति को राम का योग्य आधार, शुद्ध आधार प्राप्त था; रावण की कुंडलिनी-शक्ति अयोग्य, अशुद्ध आधार पर खड़ी थी। इसलिए राम मानवता का आदर्श उपस्थित कर सके; रावण पग-पग पर मानवता का निषेध करता है, हिंसा, क्रूरता और कपट का इतिहास रच देता है।

शक्ति के लिए राम जैसा शुद्ध आधार चाहिए, तभी राम-राज्य की प्रतिष्ठा हो सकती है।

शिव और काली या पुरुष और प्रकृति का भारतीय रूपक चेतना और शक्ति के योग का आदर्श उपस्थित करता है। शक्ति के अभाव में चेतना निवीर्य रह

जाएगी और चेतना के नियंत्रण के अभाव में शक्ति राक्षसी रूप ले लेगी। शक्ति जब अयोग्य हाथों में चली जाती है तो वह विनाशकारी रूप ले लेती है। आज आप चारों ओर नजर दौड़ाइए; यही योग्यता और शक्ति का अलगाव आपको दिखाई देगा। आज शक्तियाँ अयोग्य हाथों में चली गई हैं। धन की शक्ति से धनवान बने धनिक अपनी पूँजी और आमदनी बढ़ाने में, अपने लिए भोग की सामग्री इकट्ठी करने में लगे हैं। उन्हें सामान्य जनता का दुःख-दर्द नहीं छूता। बड़े-बड़े पदों पर प्रतिष्ठित लोग केवल अपने लिए सोचते हैं, अपनी उन्नति के लिए हर प्रकार के कुकृत्य को अंजाम देते हैं, पद की शक्ति का लाभ अपने अधीनस्थ क्षेत्र की जनता को नहीं देते। जिनके पास जन-शक्ति का नेतृत्व है, जो राजनीतिक और अन्य जमात के नेतागण हैं, वे उनका उपयोग अपने और अपनी जमात के फायदों के लिए, हर प्रकार की अनीति और अन्याय को प्रश्रय देने में भी नहीं चूकते। यही नहीं, धर्म के लिए आम जनता के हृदय में जो सहज श्रद्धा है, उसकी शक्ति से संपन्न आज के तथाकथित साधु-महात्मा भी उस शक्ति का दुरुपयोग स्वयं के लिए पूजा एकत्रित करने में करते दीखते हैं। शक्ति आज कुपथगामिनी हो गई है, उसने योग्यता का आधार छोड़ दिया है। रामनंदनजी लिखते हैं, "आज मानव-प्रकृति उद्दाम नृत्य में निमग्न हो, जो कुछ भी सत्य, सुंदर और कल्याणकारी है, उसे अपने पैरों से रौंद रही है। वह क्या करती है, क्यों कर रही है, यह वह स्वयं ही नहीं समझ पाती। शिव के वक्षस्थल पर खड़ी काली की तरह वह अपने उद्दाम नृत्य में निमग्न है। लेकिन वह समय बहूत दूर नहीं जब इस उद्दाम नृत्य के श्रम से क्लांत होकर मानवता की दृष्टि नीचे जाए और वह अपने कृत्य पर सहमकर लज्जा और ग्लानि से अपनी जिह्वा निकाल दे। वही अवसर होगा जब सच्ची मानव-इकाइयाँ अपनी साधना से मानव-जाति का पथ-प्रदर्शन करेंगी।"

शक्ति को धारण करने की योग्यता का अर्थ है—चित्त-शुद्धि या आधार-शुद्धि। मनुष्य के साथ उसके शरीर का जो पाशविक आधार लगा हुआ है उसके कारण अनेक प्रकार की पाशविक प्रवृत्तियाँ उसके व्यक्तित्व का अंग बन गई हैं। हिंसा, क्रूरता, भय, स्वार्थपरता, अहं आदि पाशविक प्रवृत्तियों की उपस्थिति के कारण मनुष्य का मानस अपनी शुद्धता खो बैठता है। वह शरीर की संस्कारजन्य वासनाओं के संसर्ग में विरूपित होकर, पाशविकता का प्रेरक हो जाता है। पुनः शिक्षा, संस्कार और साधना के द्वारा जब इन दोषों का परिहार होता है, तब मानस

अपनी शुद्धावस्था को प्राप्त करता है। फिर वह समझ लेता है कि 'मैं शरीर नहीं हूँ, मन नहीं हूँ, प्राण नहीं हूँ, अत: शरीरजन्य वासनाओं से भी छुटकारा पा जाता है। यह जो मानस का शुद्ध स्वरूप है, वही सच्ची पात्रता है महान् शक्तियों को धारण करने की।

शक्ति का दुरुपयोग होता है चित्त की अशुद्धि के कारण। चित्त में मल हो, कुविचार हों, दुर्भावनाएँ हों, तो वे हमारे आचरण में व्यक्त होंगे और हमारे हाथ में शक्ति हो, बड़ी शक्ति हो तो हमारे दुराचरण का दुष्प्रभाव भी उतना ही व्यापक स्तर पर होगा। इसलिए शक्ति के विकास के बाद तो इस बात की आवश्यकता और बढ़ गई है कि मानव का अंतर शुद्ध हो। उसके अंदर कल्याणकारी भावनाएँ सक्रिय हों। इसी बात को भारतीय संस्कृति में शिव और शक्ति के रूपक में कहा गया है। शिव अर्थात् विशुद्ध चेतना और शक्ति या काली अर्थात् विविध प्रकार की शक्तियाँ। शिवविहीन काली प्रलयंकारिणी हो उठती है। शिव संयुत काली मंगल की सृष्टि करती है।

साधना के प्रारंभ में ही इसकी सफाई हो जानी चाहिए कि हम चाहते क्या हैं? साधना से हमें क्या मिलेगा? भगवान? तो हमें भगवान् क्यों चाहिए? आज मंदिरों-मसजिदों में, तीर्थ-स्थलों में लोगों की भीड़ जुटी रहती है। सभी भगवत् दर्शन चाहते हैं। उनसे कृपा की याचना करते हैं। कैसी कृपा? क्या चाहते हैं वे भगवान् से? यदि उनका दिल ऐसे भगवान् को खोजता है, जो समय पड़ने पर उनकी बीमारी अच्छी कर दे, हर प्रकार के संकटों को दूर कर दे, आर्थिक अभाव दूर कर दे, तरह-तरह की मनोकामनाएँ पूर्ण करता जाए, कुछ नहीं तो कम-से-कम साधुगिरी की प्रतिष्ठा ही दिला दे तो यह स्पष्ट हो जाना चाहिए कि उनका इष्ट भगवत्-दर्शन नहीं है, भगवत् प्राप्ति नहीं है। भगवान् तो साधन है, साध्य है पाना, संसार में जो हमें चाहिए, उसे भगवान् के माध्यम से पाना चाहते हैं। और हम मंदिर जाते हैं, साधु-महात्माओं के पास जाते हैं, भजन और आरती गाते हैं, भोग और चढ़ावा भेंट करते हैं, जप और ध्यान करते हैं, तरह-तरह के संकल्प लेते हैं और उन्हें पूर्ण करते हैं। सबके पीछे सांसारिक सुख की प्राप्ति अथवा दु:ख-निवारण की चेष्टा ही कार्य करती है। भगवान् इसमें समर्थ है तो ठीक अन्यथा उसकी क्या कीमत। सांसारिकता के तराजू पर तौलकर हम भगवान् की कीमत लगाते हैं और पूजा के रूप में उसका मूल्य चुकाते हैं।

यह सांसारिकता की चाह है, अपनी महत्त्वाकांक्षाओं की पूर्ति की चाह है, सौभाग्य की चाह है, भगवान् की चाह नहीं है। भगवान् तो उसकी प्राप्ति का साधन मात्र है। और जिसकी चाह नहीं उसे पाया कैसे जा सकता है? इसलिए इस प्रकार की साधना-पूजा से कम-से-कम भगवान् तो नहीं मिलनेवाला और इसलिए यह सात्विक साधना नहीं है, मनुष्यता के लिए कल्याणकारी साधना नहीं है। समाज को यह साधना नहीं चाहिए।

शहरीकरण की तेज रफ्तार, औद्योगिक और व्यापार क्षेत्र का अभूतपूर्व विस्तार, शिक्षा, संचार-संप्रेषण और आधुनिकता का अबाधित प्रसार और भौतिक सुख-समृद्धि प्राप्त करने की बेसुध प्रवृत्ति, इन सबने मिलकर आधुनिक जीवन में अनगिनत प्रकार के तनावों-जटिलताओं की सृष्टि कर दी है। स्पर्धा, टकराहट, हर पल सुलगते हुए आवेगों में जलता हुआ अंतर, लोभ, लालच, आघात, प्रतिघात, दुःख और कष्ट में घिरा-फँसा मनुष्य हर पल कुछ जोड़-तोड़ करने में मशगूल है। उसे हर हाल में अपना अभिलाषित चाहिए और वह देखता है, यहाँ गुरु हैं, स्वामी और महात्मा हैं, जो सबकुछ देने का आश्वासन देते हैं और जिनके आगे एक बड़ा भक्त-समूह भक्ति-भाव से सिर झुकाए बैठा है। देवी-देवताओं के मंदिर हैं, मजार और दरगाह हैं जो हर प्रकार की मन्नतें पूरी कर देने के लिए प्रसिद्ध हैं। फिर आपकी दौड़ शुरू होती है। यह तंत्र, वह मंत्र, यह जाप, वह पूजा, यह व्रत, वह हवन, ताबीज और रक्षा कवच, कुंकुम तथा भभूत। इसे यह खिलाओ तो वशीकरण, उसे वह पिलाओ तो उच्चाटन! इस ग्रह की शांति करो, उस ग्रह को प्रसन्न करो ! इस रंग के कपड़े पहनो, उस तरह के भोजन करो! और यह सब हुआ धार्मिक अनुष्ठान! धर्म, भगवान, साधना, इनकी आज ऐसी ही अधोगति है! आप एक दुश्चक्र में पड़ गए हैं और आप इसी में अपना कल्याण देख रहे हैं! आप अपना मनोगत प्राप्त करने के लिए उतावले होकर सबकुछ करने को तैयार हैं और यह सब देखकर डॉक्टर, वकील की तरह तांत्रिकों, भूतसिद्धों, ज्योतिषियों और पाखंडी साधुओं का एक बड़ा पेशेवर वर्ग तैयार हो गया है जो हर प्रकार से आपका शोषण कर अपनी दुकान चला रहा है।

यह साधना है? क्या इससे आपको आंतरिक शांति मिली है? आपके अंतर में सच्चे प्रेम का जागरण हुआ है? आप सभी का कल्याण चाहने लगे हैं? या क्या आप सही अर्थ में अपना भी कल्याण चाह सके हैं? आप समझ पाए हैं कि आपका

कल्याण किसमें है? आज साधना के नाम पर, पूजा के नाम पर आप जो कर रहे हैं उस पर जरा ठहरकर गंभीरतापूर्वक विचार करें।

साधना आज व्यवसाय की वस्तु बन गई है। आज का आदमी समस्याग्रस्त है। उसका जीवन विपदाओं से भर गया है। उसे शांति नहीं, संतोष नहीं। उसे सूझ नहीं रहा कि वह क्या करे? और तब खड़ा होता है एक उद्धारक वर्ग। वह गुरु है, साधु-महात्मा है, मार्ग-दर्शक है। वह पूर्ण सिद्ध है। उसने संसार के दुःखों के लिए नुस्खा खोज लिया है। वह ज्ञानी है, आप अज्ञानी। वह आपको सिखलाता है यह करो, यह ध्यान, यह योग,...इसी में तुम्हारी समस्या का समाधान है, तुम्हारे दुःखों का अंत। और आप उसके मुरीद बन जाते हैं, उसके चरणों में लोटते हैं, उसके नाम का कीर्तन करते हैं तथा यह सब कर अपने आपको धन्य समझते हैं। इस प्रकार उनका सामाजिक मूल्य बढ़ता जाता है। फिर उनकी हर चीज बिकती है। उनका उपदेश बिकता है, उनके द्वारा बताई गई ध्यान की तरकीब बिकती है, यौगिक क्रियाएँ बिकती हैं...। बड़े-बड़े मठ और आश्रम बनते हैं, संगठन खड़े होते हैं, उनकी शाखाएँ-उपशाखाएँ खुलती हैं, श्रद्धालुओं-अनुयायियों की संख्या बढ़ती है। एक भारी-भरकम संगठन-साम्राज्य खड़ा हो जाता है। इस अर्थप्रधान युग में साधना, पूजा, भजन-कीर्तन-सब बिकाऊ माल हो गए हैं। अन्य वस्तुओं को खरीदने के लिए आपको केवल अपने रुपयों का व्यय करना पड़ता है। इनके लिए आपको अपनी श्रद्धा, भक्ति सबकुछ भेंट करनी पड़ती है। और यह सबकुछ देकर, आप एक रोमानी किस्म की आस्था ओढ़ लेते हैं! आपका लोभ, आपकी ईर्ष्या, आपकी हिंसा सब अपनी जगह पहले की तरह ही हैं, बस आपने उसपर भक्ति का, ध्यान का एक मुलम्मा चढ़ा लिया है और ठगे होने के एहसास को परे झटक दिया है।

साधना के क्षेत्र में इस व्यावसायिकता का अंत करना होगा। हर प्रकार के चकाचौंध और तिलिस्म को ध्वस्त कर साधना का शुद्ध स्वरूप समाज के लिए उपलब्ध कराना होगा।

यह शक्ति पिपासुओं का समाज है। समाज में शक्ति की, शक्तिशाली की पूजा होती है और हर कोई शक्तिशाली होना चाहता है। कोई ज्ञान-विज्ञान की शक्ति, तो कोई धन-पद की शक्ति, कोई यश-मान की शक्ति, तो कोई जन-समूह

की शक्ति प्राप्त करने की जी-जान कोशिश में लगा हुआ है। ऐसे ही तंत्र-शक्ति, मंत्र-शक्ति, योग-शक्ति आदि का आकर्षण भी आदमी को अपनी ओर खींचता है। इन साधनों से शक्ति अर्जित कर वह समाज में अपने प्रभाव का विस्तार करता है, अपनी इच्छाओं की पूर्ति करता है, कुछ नहीं तो शक्तिधर होने के अहंकार को लेकर तृप्त और संतुष्ट रहता है। लेकिन यदि वह एक अति महत्त्वाकांक्षी व्यक्ति है, तो वह अपने माथे पर साधु-संत, यहाँ तक कि भगवान् होने तक का साइनबोर्ड लगाकर अपने लिए श्रद्धालुओं की भीड़ इकट्ठी करता है, धर्म और अध्यात्म का व्यवसाय करता है, अपने राग-द्वेष और क्षमता के अनुरूप सृष्टि और विनाश के खेल खेलता है।

इन सबका अध्यात्म से, आध्यात्मिक साधना से कोई मेल नहीं। शक्ति की खोज आधिभौतिक, आधिदैविक साधना की ओर ले जा सकती है, लेकिन आध्यात्मिक साधना की ओर नहीं। मानव इतिहास की धारा जब शक्ति-केंद्रों के ध्वंस की ओर जा रही है, तो शक्ति कामना पर आश्रित किसी भी तरह की साधना कल्याणकारी नहीं हो सकती। राम और कृष्ण का मुख्य ऐतिहासिक काम था शक्ति-केंद्रों को ध्वंस करना, अन्य काम जैसे इसी मुख्य काम के हिस्से थे। आधिदैविक साधना से शक्तिधर हुए, तांत्रिकों आदि ने अपनी और अपने पास आनेवाले लोगों की राग-द्वेष परक कामनाओं की सिद्धि के लिए जैसे अपकर्म किए हैं, वे घृणास्पद ही नहीं अमानवीय हैं, क्रूर और नृशंस हैं। समाज इनसे उद्धार की बाट जोह रहा है। इस प्रकार की साधना का अंत कर देने का समय आ गया है।

शक्तिधर होने की कामना के आधार पर जो साधना की जाती है उसके मूल में ही अशुद्धि का समावेश हो जाता है। फिर साधना का स्वरूप, साधना का फल और उस फल का उपयोग सभी दूषित हो जाते हैं। शक्तिधर होने की कामना ही इस बात का सूचक है कि चित्त में मल है, मन निर्मल नहीं हुआ। शक्ति का मोह आसुरी प्रवृत्ति है। इस प्रवृत्ति के उदय होते ही हमें सावधान होना चाहिए और अंतर का निरीक्षण कर इस प्रकार की कामनाओं का त्याग कर देना चाहिए। किंतु अंतर में उठ खड़ी हुई शक्ति की कामनाओं का अनुसरण करते हुए हम इष्ट-सिद्धि की साधना में संलग्न हो जाते हैं तो विष-बीज का वपन हुआ समझिए। इस प्रकार की साधना तांत्रिक पद्धति का सहारा लेकर तामसिक रूप ग्रहण कर लेती है। मारन, मोहन, उच्चाटन, वशीकरण जैसी दुष्ट क्रियाओं की सिद्धि प्राप्त कर अपने लिए या

अपने ग्राहकों के लिए समाज में जब इसका प्रयोग होता है तब एक विषाक्त वातावरण की सृष्टि होती है। इस भयंकर स्पर्धा के युग में तांत्रिक शक्तियों का प्रयोग कितना घिनौना रूप ले सकता है, यह देखकर ही जाना जा सकता है। राजनीति, व्यवसाय, सेवा-क्षेत्र, खेल सब जगह इस प्रकार की शक्तियाँ अपना जघन्य खेल खेलती हैं। घर-घर में संबंधों के समीकरणों को अपनी ओर मोड़ने के लिए इस प्रकार की शक्तियों का सहारा लिया जाता है। और जिसने इस प्रकार की बड़ी शक्ति अपने लिए अर्जित कर ली है, उसकी महत्त्वाकांक्षा भी बढ़ जाती है। और वे व्यापक स्तर पर अपनी शक्ति-लीला का प्रदर्शन करते हैं। चूँकि उनका आधार अशुद्ध रहता है, शक्ति और दर्प से चूर होकर, वे मानव जाति के संकट का कारण बनते हैं।

इसलिए तामसिक तांत्रिक आदि साधनाएँ, जो शक्ति की कामना के अंतर्गत की जाती हैं, उनका पूर्ण उच्छेदन हो जाना चाहिए। ये अध्यात्म विरोधी साधनाएँ मानव-समाज का घोर अकल्याण करती हैं और भावी समाज व्यवस्था का कदापि अंग नहीं बन सकती।

~ ❀ ❀ ~

अधिभूत, अधिदैव और अध्यात्म का अंतर अच्छी तरह समझ लेना चाहिए। अधिभूत का अर्थ है भूत (mattar) पर आधार रखनेवाला। वैज्ञानिक लोग पदार्थ में निहित शक्ति का अन्वेषण कर रहे हैं। आज उनके हाथ में अणु-परमाणुओं की शक्ति आ गई है। इस शक्ति के सहारे वे बड़े-बड़े बिजलीघर स्थापित कर समाज की खुशहाली का इंतजाम भी कर सकते हैं और बम बनाकर, सारे विश्व के विनाश का खतरा भी उत्पन्न कर सकते हैं। जल की शक्ति का पता लगाकर जल-विद्युत्-परियोजनाओं का परिचालन किया जा रहा है। संचार और संप्रेषण माध्यमों एवं जनसंपर्क के क्षेत्र में आई क्रांति, स्वास्थ्य सेवाओं, उत्पादन के क्षेत्रों आदि में आज विश्व के रंगमंच पर पदार्थ की शक्ति का ही खेल चल रहा है। आज की मानव सभ्यता भौतिक उन्नति के जिस अभूतपूर्व दौड़ में प्रवेश कर गई है, उस सबके मूल में है पदार्थ की शक्ति का अन्वेषण और उसके आधार पर खड़ी की गई तकनीकी का बड़े पैमाने पर उपयोग। यह सब अधिपूत की उपासना है। यह संपूर्ण क्षेत्र आधिभौतिक उपलब्धियों का क्षेत्र है।

अधिदैव का अर्थ हुआ देवता पर आधार रखनेवाला। देवता शब्द का अर्थ होता है देनेवाला। देवी-देवताओं के पास भी शक्तियाँ होती हैं और उन्हें प्रसन्न

करने पर उनसे उन शक्तियों को प्राप्त किया जा सकता है। अग्नि, जल, वायु आदि तत्त्वों के अपने-अपने देवता तो हैं ही, और भी अनेक देवी-देवता हैं जो शक्ति के अधिष्ठान हैं। उन्हें प्रसन्न करने के लिए मंत्र हैं, व्रत और उपवास हैं, यज्ञ और अनुष्ठान हैं, तरह-तरह की उपासनाएँ हैं। कोई काली, कोई दुर्गा, कोई गणेश, कोई हनुमान, कोई यक्षिणी—तरह-तरह की सिद्धियों में लोग लगे हैं और उनसे शक्ति और सिद्धि प्राप्त कर अपने राग-द्वेष की माया फैलाने में लिप्त हैं। यह हुई अधिदैव की उपासना। आज धर्म के नाम पर अधिकांश इस आधिदैविक कर्मकांडों का ही प्रचलन समाज में दिखाई देता है।

इतना तो स्पष्ट है कि इन आधिदैविक उपासना का भगवान् के साथ किसी भी तरह का कोई संबंध नहीं है। देवता और है, भगवान् और। रामनंदनजी लिखते हैं, "भगवान् देवता नहीं, देवता भगवान् नहीं। देवता भगवान् की विभूतियाँ हैं। भगवान् को देवता बनाना भगवान् का अपमान है। देवता को भगवान् बनाना अंतरात्मा को कलुषित करना है। भगवान् एकनिष्ठ प्रेम का भिखारी है और सर्वस्व के मोह का हरण कर अंत में आत्मा का भी कर्षण कर प्रेमानंद से भर देता है। देवता पूजा चाहते हैं और कभी कुछ देते हैं, कभी नहीं देते हैं। भगवान् एक हैं और देवता अनगिनत। सांसारिक कामनाओं की पूर्ति की आशा भगवान् से करना अपने को धोखे में रखना और भगवान् को पदच्युत करना है। भगवान् के आसन पर देवता को बैठाना भगवान् को संसार के कीचड़ में धकेल देना है।"

देवता से हम पाना चाहते हैं, भगवान् के चरणों में हम अपना सबकुछ अर्पण कर देते हैं। भगवान् से हमारा प्रेम का नाता जुड़ता है, देवता से लेन-देन का। प्रेम में, भक्ति में नजर प्रेमी पर रहती है, उसके सुख के लिए हम अपने सुख का अर्पण कर देते हैं, हर प्रकार का कष्ट उठाने के लिए सहज प्रस्तुत रहते हैं, क्योंकि प्रियतम के सुख में ही हमारा सुख होता है। लेकिन जहाँ लेन-देन का दुनियायी संबंध हो वहाँ नजर अपने पर, अपने लाभ, अपनी प्रसन्नता पर टिकी होती है। भगवान् के साथ जो हमारा संबंध बनता है उसमें भगवान् को छोड़कर इतर कुछ भी काम्य नहीं होता। देवता के साथ बननेवाले संबंध में हमारे अपने राग-द्वेष, सांसारिक लाभ-हानि, शक्ति की कामना आदि की भूमिका होती है।

अधिदैव की उपासना कर शक्ति अर्जित करनेवाले और उनके बल पर कामनाओं की पूर्ति करने का लोभ दिखाकर अपने लिए श्रद्धालुओं की भीड़ इकट्ठी करनेवाले,

तथाकथित धर्म और आध्यात्मिकता का व्यवसाय खड़ा करनेवाले कभी भी सच्चे साधु-संत, महात्मा हो ही नहीं सकते, अध्यात्म से उनका कोई संबंध ही नहीं बन सकता।

छत्रपति शिवाजी, संत तुकाराम के प्रति विशेष रूप में श्रद्धा रखते थे। उनका कीर्तन सुनने वे दूर-दूर तक हो आते। उन्हें जानकारी मिली कि तुकाराम के घर में बहुत अभाव है। बरतन-बासन तक मिट्टी के हैं। उनसे रहा न गया। तुकाराम की अनुपस्थिति में उन्होंने उनके घर, कुछ पीतल के बरतन आदि भेज दिए।

भजनानंद में लीन तुकाराम घर पहुँचे। आँगन में उनका पैर पड़ना था कि वे चौंक उठे, "ओह! यह क्या! मैं किसी और घर में तो नहीं आ गया!" तभी उन्हें पत्नी दिखीं। "यह सब क्या। है" उन्होंने व्यग्र होकर पूछा। "शिवाजी महाराज ने बरतन भेजे हैं," पत्नी बोलीं। तुकाराम महाराज को तीव्र आघात लगा। मानो बिच्छु ने डंक मारा हो। भारी मन से बोले, "हाँ, किंतु घर में रखने के लिए नहीं, दान देने के लिए।" ऐसा कह, उन्होंने बरतन दान-स्वरूप दे दिए। उधर पीतल के बरतन जैसे ही आए, पत्नी ने मिट्टी के बरतन लोगों में बाँट दिए। अर्थात् वे भी गए और ये भी। घर खाली हो गया। उसके बाद मिट्टी के नए बरतन मोल लिये गए, तब कहीं जाकर भोजन की व्यवस्था हो पाई।

अब भगवान् के प्रति तुकाराम महाराज का उपालंभ शुरू हुआ। "यह कैसा बदला चुका रहे हो प्रभु! मैंने कौन सा पाप किया है! तुम्हारी भक्ति करता हूँ, उसके बदले क्या तुम मुझे वैभव दोगे? ऐश्वर्य देकर भक्ति का मोल चुकाना चाहते हो? यह सब क्या मुझसे सहन हो सकेगा प्रभु!"

अध्यात्म का अर्थ है—आत्मा पर आधार रखना। और आत्मा के लिए कहा है कि वह एक है, अखंड है, व्यापक है, सबमें व्याप्त है। इसलिए जो आत्मा पर आधार रखता है वह भेद-बुद्धि का सर्वथा परित्याग कर देता है या इसकी चेष्टा करता है। एक ही आत्मा सबमें है। इसलिए आत्मा पर आधार रखनेवाले को सब आत्मवत् प्रिय होते हैं, वह अपने में सबको और सबमें अपने को देखता है। आध्यात्मिकता का यही अर्थ है। इसलिए आध्यात्मिकता के अंतर्गत सर्वजन के लिए वास्तविक कल्याण की भावना निहित रहती है।

जो साधना आज मानव-जाति को अभीष्ट है उसका स्वरूप आध्यात्मिक ही होना चाहिए। आध्यात्मिक साधना से चित्त की शुद्धि होती है, अंतर निर्मल होता है और योग्य आधार निर्मित होता है, पात्रता आती है। ऐसे साधक सहज ही सामूहिक चेतना को धारण करते हैं और सामाजिक समरसता और सामंजस्य की रक्षा करने में सक्षम होते हैं। सच्चे समाज की रचना ही तभी हो सकती है जब उसका वातावरण आध्यात्मिक हो। आध्यात्मिक माहौल में ही सच्चे साम्य की अवतारणा हो सकती है, प्रेम, सहयोग और पारस्परिकता की भावना पनप सकती है।

इसलिए एक अर्थ में, आध्यात्मिक साधना आज की आवश्यकता बन गई है। जहाँ समाज छिन्न-भिन्न हो चुका है, मानव-मूल्य टूट-टूटकर बिखर चुके हैं, व्यक्ति दैहिक सुख के तिलस्म में कैद होकर पशुवत् आचरण कर रहा है, अध्यात्म ही वह सहारा है, जिसका आश्रय लेकर मनुष्य अपनी मनुष्यता पा सकता है, क्योंकि आत्मा का आधार ग्रहण कर ही कोई यह अनुभूति कर सकता है कि ''मैं देह नहीं हूँ'' और यह अनुभूति मनुष्यता की मौलिक पहचान है।

साधना किसी प्रकार की गुह्य-क्रियाओं का अभ्यास नहीं है। न वह किसी खास आस्था या विश्वास के चौखटे में अटी हुई मन की संकीर्ण दशा है। इसके विपरीत इसमें मन को उसके सारे मतों, पूर्वग्रहों और स्वार्थों समेत देखा और समझा जाता है। किसी अलौकिक दर्शन, उत्तेजना और रहस्यमय जगत् की यात्रा के लिए ध्यान करने से कहीं अधिक महत्त्वपूर्ण है स्वयं को समझना, स्वयं से संबंधित तथ्यों को तथा उसके सतत बदलाव को समझना।

उपनिषद् का वचन है, ''अहमेव विजानीयात्।'' यीशु मसीह ने कहा था, "Know thyself." आधुनिक युग में रमण महर्षि ने दो टूक शब्दों में इस मूलभूत प्रश्न को उठाया, ''मैं कौन हूँ?'' इसी प्रकार विनोबाजी, जे कृष्णमूर्ति, रामनंदनजी जैसे महापुरुषों ने साधना के क्षेत्र में प्रचलित अनेक प्रकार की भ्रांतियों, विरूपताओं क्लिष्टताओं का निराकरण कर, साधना के स्वच्छ स्वरूप को मानव जाति के समक्ष प्रस्तुत किया। इनमें किसी प्रकार की सांप्रदायिकता या धार्मिक कर्मकांड या गुह्य जटिल क्रियाओं का स्पर्श मात्र नहीं है। इसे पूरी मानव जाति निःसंकोच भाव से अपना सकती है और उस परम पवित्र में अवगाहन कर सकती है जो अनामी है या जिसके सभी नाम हैं, जिसमें पृथकता और विभाजन का अंत हो जाता है।

अगले कुछ किश्तों में इन महापुरुषों के विचारों को अधिकांशतः उनके अपने

शब्दों में उपस्थित करने की कोशिश की गई है, जिससे इस क्षेत्र में छाए धुँधलके को छाँटने में मदद मिलेगी ही, साधना क्या है, कितनी सहज और जीवन से ओत-प्रोत है इसका भी परिचय हमें मिल सकेगा।

दिखाई पड़नेवाले भौतिक संसार के परे भी कोई सत्य है, इस बात की जीवन में स्वीकृति और सतत जागरूकता साधना की पृष्ठभूमि है। कहते हैं, ''इटर्नल विजिलेंस इज द प्राइस ऑफ लिबर्टी।'' अपने प्रत्येक आचरण, भावों, विचारों के प्रति पूर्ण जागरूक होकर रहना ध्यान है। यह सतत जागरूकता ही है, जो स्वयं अपने उद्गम स्थल तक हमें ले जाती है और हम खुद अपने से, जो मेरा शुद्ध स्वरूप है मिलकर एकाकार हो जाते हैं। इसकी साधना प्रारंभ करने के लिए महर्षि रमण की पद्धति नि:शंक होकर अपनाई जा सकती है। इसे हिंदू, मुसलमान, ईसाई, बौद्ध, भारतीय, अमरीकी, रूसी, जापानी कोई भी खुले मन से अपना सकता है, क्योंकि इसमें किसी भी विश्वास विशेष के प्रतीकों का जरा भी सहारा नहीं लिया गया है। यह विशुद्ध ध्यान है, आत्मानुसंधान (self enquiry) है।

आत्म-स्वरूप को जान लेना आवश्यक है और इसके लिए ''मैं कौन हूँ?'' (who am I?) यह अनुसंधान ही प्रधान साधन है। मन ही सबकुछ जानने का साधन और समस्त वृत्तियों का कारण है। इस देह में जो 'मैं' रूप से पैदा होता है, वही मन है। इस मन का उद्भव-स्थान है हृदय। केवल, 'मैं'...'मैं' ऐसा सोचने मात्र से ही वह 'मैं' विचार हृदय केंद्र से ही उठता हुआ प्रतीत होगा।

मन में उठनेवाले सभी विचारों में 'अहं'—विचार ही आदि विचार है। उसके बाद ही अन्य असंख्य विचार पैदा होते हैं। 'मैं' के बाद ही 'तुम' और 'वह' की भावना पैदा होती है। 'तुम' और 'वह', 'मैं' के बिना नहीं टिकते।

सब वृत्तियों को पैदा करनेवाला है मन। परंतु यदि तमाम विचारों को निकाल देने के बाद देखा जाए तो 'मन' जैसी कोई वस्तु ही नहीं पाई जाती; इसलिए वस्तुत: विचार ही मन का स्वरूप है। विचारों से पृथक मन की कोई अपनी स्वतंत्र सत्ता ही नहीं और इसलिए जगत् की भी विचारों से पृथक अपनी कोई स्वतंत्र सत्ता नहीं। अत: विचार बंद होने पर जगत् जैसी अन्य वस्तु ही नहीं रह जाती। मन का लय हो जाने पर जो शेष बचा रहता है वही है परम तत्त्व। यहाँ इतना ध्यान रखना होगा कि यहाँ जगत् से तात्पर्य हमारे मानस में विराजनेवाला जगत् है जो विचार रूप में ही वहाँ एकत्रित होता रहता है। और यह मानसिक जगत् ही हमारे क्लेश का कारण

है। जब विचार नहीं रह जाते, अंतर पूर्णतः मौन हो जाता है, वहाँ कोई जगत् नहीं रह जाता, इसलिए वहाँ क्लेश से भी मुक्ति मिल जाती है।

'मैं कौन हूँ' की विचारणा द्वारा सहज रूप में मन का लय हो जाता है। 'मैं कौन हूँ?' यह अनुसंधान करते समय ज्यों-ज्यों इतर विचार उठते जाएँ, उन्हें साक्षी (witness) भाव से देखते हुए प्रश्न होना चाहिए कि ये विचार किसे आते हैं? चाहे कितने भी विचार उठें तो भी क्या! यदि प्रत्येक विचार उठते ही 'यह किसे उठा' इस प्रकार की विचारणा लक्ष्यपूर्वक चलाई जाए, तो मालूम होगा कि वह मुझे उठा। इसके बाद पुनः वही प्रश्न उठेगा, "मैं कौन हूँ?" यदि इस प्रक्रिया पर दृढ़ता पूर्वक टिका जाए तो मन अपने उद्भव स्थान (हृदय) में लौट आता है और साथ ही उठा हुआ विचार भी विलीन हो जाता है। इस प्रकार ज्यों-ज्यों अभ्यास बढ़ता जाएगा, त्यों-त्यों अपने उद्भव स्थान में स्थिर होने की, मन की शक्ति भी बढ़ती जाएगी। यही है मनोलय। मनोलय में ही नाम-रूपमय इस सृष्टि का भी लय हो जाता है और अंततः काल और दिक् (time and space) भी तिरोहित हो जाते हैं।

जब तक दृश्यमान जगत् का संस्कार पूर्णतया नष्ट नहीं हो जाए, तब तक 'मैं कौन हूँ?' इसका अनुसंधान चलाए रखना चाहिए। विचार उठे और उठते ही उन्हें आत्मानुसंधान के द्वारा नष्ट कर दिया जाए। किले में अगर दुश्मन हैं, तो वे बाहर आते ही रहेंगे; परंतु ज्यों ही वे बाहर निकलें, त्यों ही उन्हें मार गिराया जाए तो किला सर हो जाता है। विचार भी किले में घुसे शत्रु के समान हैं।

जब सूक्ष्म मन, बुद्धि और इंद्रियों की राह बहिर्मुख होता है, तब स्थूल नाम-रूपमय जगत् दृश्यमान होता है। परंतु जब मन हृदय में स्थिर हो जाता है, तब नाम-रूप अदृश्य हो जाते हैं। ऐसी दशा में वह अहंमुख वा अंतर्मुख मन कहलाता है। यदि मन हृदय में स्थिर हो जाए तो 'मैं' जो सब विचारों का मूल है, अदृश्य हो जाता है। इस प्रकार निरंतर मन के स्वरूप का अनुसंधान करते रहने से मन ही समाप्त हो जाता है और तब सदा विद्यमान एकमात्र चेतन तत्त्व ही शेष प्रकाशवान् रह जाता है। जिस दिशा में अहं-विचार का लेश भी न रहे, उसे स्वरूप स्थिति कहते हैं। वास्तविक मौन भी वही कहलाता है।

समुद्र की अगणित तरंगों की तरह असंख्य विषय वासनाएँ एक पर एक उठती रहती हैं। तथापि, ज्यों-ज्यों स्वरूपानुसंधान बढ़ता जाता है, त्यों-त्यों वे सब

नष्ट होती जाती हैं। इसलिए मैं पापी हूँ या पुण्यात्मा, इस पूर्वग्रह-पूर्ण धारणा को छोड़कर आत्मानुसंधान (self-enquiry) में लगे रहनेवाले को अवश्य ही नव-जीवन प्राप्त होगा।

ध्यान संसार से पलायन नहीं है। यह स्वयं को समस्त से अलग करने या अपने आपको चारों ओर से बंद करने की क्रिया नहीं है, बल्कि यह संसार और इसके तौर-तरीके की समझ है।

हमें मानव समाज की संरचना को बदलना होगा। इसमें व्याप्त अन्याय, विकृति, अनैतिकता, युद्ध, मनुष्य और मनुष्य के बीच पैदा किए गए विभाजन, स्नेह और प्रेम का सर्वथा अभाव-यही सब विश्व के विनाश का कारण है। अगर ध्यान आपका व्यक्तिगत मामला है, एक ऐसी चीज है जो आपके व्यक्तिगत सुख और मौज का साधन है, तो यह ध्यान नहीं है। ध्यान का अर्थ है, हृदय और मन का आमूल परिवर्तन। और यह तभी संभव है जब आंतरिक मौन—मौन जहाँ हर प्रकार के विभाजन का अंत हो जाता है—का एक अपूर्व बोध हो। यही बोध धार्मिक मन को जन्म देता है। ऐसा मन जो उसे जानता है, जो परम पुनीत और पवित्र है।

ध्यान पृथकता और अलगाव का अंत है। ध्यान वस्तुतः जीवन से कोई अलग चीज नहीं है। यह जीवन का ही सार है, प्रतिदिन जीने का ही निचोड़ है। ध्यान जीवन का ही समस्त रूप है, इसका एक खंड मात्र नहीं। ऐसा ध्यान जीवन की समग्रता के प्रति आपको उन्मुख कर देता है।

साधना का पौधा जिस मिट्टी में लगता है वह है हमारा प्रतिदिन का जीवन और इसकी पीड़ा, इसका संघर्ष और खुशी के गिने-चुने क्षण। व्यक्ति को साधना की शुरुआत यहीं से करनी चाहिए और इसमें व्यवस्था लाकर आगे की यात्रा पर निकल पड़ना चाहिए। साधना कठिन परिश्रम है। इसके लिए आवश्यक है सर्वोज्य ढंग का अनुशासन। यह अनुशासन सतत सजगता से उत्पन्न होता है, सजगता न केवल अपने बाहर की, बल्कि भीतर के चीजों के प्रति भी। इस तरह साधना एक अलगाव की क्रिया नहीं है, बल्कि वह हमारे प्रतिदिन के जीवन में एक ऐसी क्रियाशीलता है जिसके लिए सहयोग, संवेदनशीलता और प्रज्ञा आवश्यक है।

श्री जे. कृष्णमूर्ति लिखते हैं कि एक पवित्र और सदाचारपूर्ण जीवन की नीव

रखे बिना ध्यान महज एक पलायन बन जाता है और इसका कोई भी मूल्य नहीं है। सदाचारपूर्ण जीवन का अर्थ सामाजिक नैतिकता का अनुसरण नहीं है, बल्कि यह ईर्ष्या, लोभ एवं सत्ता की खोज से मुक्ति है क्योंकि ये चीजें मात्र शत्रुता पैदा करती हैं। और इनसे मुक्ति''स्वयं के निरीक्षण द्वारा इनके प्रति सजग होने से ही संभव है। 'स्व' की क्रियाओं और गतिविधियों को जाने बिना ध्यान ऐंद्रिय उत्तेजना बन जाता है और इसलिए इसका महत्त्व न के बराबर है।

साधना दैनिक जीवन का ही अंग है, जीवन से भिन्न चीज नहीं। साधना का यह अर्थ नहीं कि आप एक कोने में जाकर बैठ जाएँ, दस मिनट ध्यान करें और बाहर आकर कसाई बन जाएँ, वास्तविक रूप से या अपने लक्षणों से। जब आप स्वयं का निरीक्षण करते हुए अपने बारे में सीखते हैं अर्थात् किस तरह आप खाते-पीते हैं, किस ढंग से आप चलते-फिरते हैं, क्या बातचीत और गपशप करते हैं, आपकी चाहत, आपका क्षोभ, आपका ईर्ष्या करना, नफरत करना, आपके भीतर होनेवाली प्रतिक्रिया, जब आप अपने भीतर और बाहर की इन सारी चीजों के प्रति सजग और सचेत होते हैं, बिना किसी आग्रह और चुनाव के, तो यह साधना का ही अंग है।

ध्यान समझदारी का प्रस्फुटन है। समझ व्यक्ति के विचार को क्रिया के ढंग को तथा उसके जीवन की पूरी दिशा को बदल सकता है। यह आपके लिए सुखद हो या न हो, लेकिन समझ सारे परस्पर के संबंधों को नए स्तर पर लाकर खड़ी कर देती है। और समझ के बिना दुःख सदा कायम रहेगा। दुःख का अंत केवल स्वयं की समझ के द्वारा होता है। अपने प्रत्येक भाव और विचार के प्रति तथा चेतन और अचेतन की प्रत्येक गतिविधियों के प्रति सजगता द्वारा ही दुःख का अंत संभव है। ध्यान प्रकट और अप्रकट चेतना की समझ है एवं ध्यान उस गतिविधि की भी समझ है जो समस्त विचार और भाव से परे है।

ध्यान विध्वंस है; यह उनके लिए एक खतरा है जो एक सतही जीवन बिताना चाहते हैं, जो कल्पना और पौराणिकता में जीना चाहते हैं।

चारों ओर की गरीबी का परिचय कराने के उद्‌देश्य से एक अमीर पिता अपने पुत्र को गाँव की ओर ले गया। वहाँ वे एक निर्धन किसान के घर ठहरे। प्रवास के अंत में पिता ने पुत्र से पूछा, "तुम्हें यह सब कैसा लगा?" "बहुत

अच्छा पिताजी,'' पुत्र ने उत्तर दिया।

''क्या तुमने आम लोगों की गरीबी देखी?'' पिता ने पूछा।

''हाँ,'' पुत्र बोला। ''और, तुम्हें क्या बात समझ में आई?'' पिता ने पूछा।

पुत्र ने उत्तर दिया, ''मैंने देखा कि हमारे घर में एक कुत्ता है और इनके पास चार-चार। हम लोगों के बगीचे में घिरा-मुँदा एक छोटा सा तालाब है, इनके यहाँ नदी बहती है, जिसका कोई अंत नहीं! हमारे बगीचे में बाहर से मँगाए गए कृत्रिम रोशनी के प्रबंध हैं, इनके यहाँ सितारों से खचाखच भरा आसमान है! हमारा बगीचा तो बस घर के सामने ही खत्म हो जाता है, इनके खेत-खलिहान क्षितिज तक फैले हैं! हमारे यहाँ फूलों के कुछ पौधे लगे हैं, यहाँ तो जैसे पूरा बहार ही उतर आया है।''

पुत्र ने जब अपनी बात खत्म की, पिता स्तब्ध रह गया।

पुत्र ने कहा, ''आपका लाख-लाख शुक्रिया पिताजी कि आपने मुझे यह समझने का अवसर दिया कि सचमुच हम लोग कितने निर्धन हैं!''

हमारे पास क्या है, वह इस बात पर निर्भर करता है कि हम उसे किस निगाह से देखते हैं? जीवन के प्रति सकारात्मक सोच, प्रेम, परिवार, मित्र, स्वास्थ्य और सरस परिहास का कोई क्रय-मूल्य नहीं होता। इसे आप कीमत देकर खरीद नहीं सकते। अगर आप आध्यात्मिक रूप में अभावग्रस्त हैं, तब आपके पास सचमुच कुछ भी नहीं है।

आत्मा पर आधार रखने के कारण अध्यात्म सहज ही हर प्रकार के पृथकता-बोध का अंत कर देता है। आत्मा एक है और व्यापक है। यह पूरा विश्व-ब्रह्मांड उसी का आधार लेकर खड़ा है। इस मौलिक एकता की स्वीकृति के साथ ही किसी भी प्रकार के अलगाव और विभाजन के लिए कोई अवकाश नहीं रह जाता। हाँ, यह भाव यदि बौद्धिक स्तर तक सीमित रहा तो आचरण में भेद-भाव का परिचय मिलता ही रहेगा, सच्ची मनोभावना का भी निर्माण नहीं हो सकेगा। इसीलिए साधना की आत्यंतिक आवश्यकता है। ज्ञान का अनुभव में पर्यवसान जब तक नहीं होगा तब तक आध्यात्मिकता हमारे जीवन में उतरेगी नहीं, वह महज चिद्विलास की वस्तु होकर रह जाएगी। बिना साधना के आध्यात्मिक सत्य का अनुभव नहीं हो सकता और इसीलिए कहा जाता है कि साधनाविहीन व्यक्ति महान् आदर्शों को पूरी तरह धारण किए नहीं रह सकता। सत्य की प्रतीति का साधन होने से ही यह साधना कहलाती है।

किंतु एक बार आध्यात्मिक सत्य जब हमारे जीवन में प्रतिष्ठित हो जाता है तो वह हमारी आंतरिकता का अविभाज्य हिस्सा बन जाता है। फिर वह जीवन के तमाम क्षेत्र को, हमारी प्रत्येक सोच और व्यवहार को अपने प्रभाव में ले लेता है। फिर समाज पर भी इस आंतरिक एकता की छाप पड़नी शुरू हो जाती है। रामनंदनजी लिखते हैं, "राजनीतिक और आर्थिक क्रांतियाँ अंतस्तल की महान् क्रांति के बिना मानव-जाति को कभी भी सुख और शांति नहीं दे सकतीं।"

अध्यात्म का कोई सांप्रदायिक स्वरूप नहीं हो सकता। संप्रदायगत विचारों की अपनी सीमा होती है। विधि-निषेध की अपनी परंपरा होती है। अपना आचार शास्त्र होता है। उपासना और कर्मकांड की विशिष्ट पद्धति होती है। और यदि बहुत अधिक सावधानी और सतर्कता नहीं बरती गई, तो अपनी शिक्षाओं-कर्मकांडों के लिए आग्रह निर्मित होता जाता है, जो धीरे-धीरे कट्टरता का रूप ले लेता है। इसलिए बहुधा धार्मिक संप्रदाय (Religious-sect) अध्यात्म विरोधी रूप ग्रहण कर लेते हैं।

किसी संप्रदाय विशेष के भीतर प्रचलित आचार-संहिता एवं कर्मकांड, उस क्षेत्र विशेष की भौगोलिक, सामाजिक परिस्थितियों को ध्यान में रखकर निर्मित होते हैं। इसलिए उनसे सार्वदेशिकता की अपेक्षा नहीं की जा सकती। फिर वे इतिहास के एक विशेष काल-खंड की उपज होते हैं इसलिए समय के बदलाव के साथ उनमें अपेक्षित संशोधन न होता रहा तो वे रूढ़ि का रूप ले लेते हैं जिससे अनेक प्रकार की सामाजिक व्याधियों का जन्म होता है।

अध्यात्म इस प्रकार की सीमाओं में आबद्ध नहीं होता। वह जीवन मात्र की एकता-अखंडता का विचार है, इसलिए वह प्रत्येक आचार अथवा कर्मकांड, जिससे यह मौलिक श्रद्धा खंडित होती है, का वह निषेध करता है। इसके अंतर्गत वे ही शिक्षाएँ अथवा आचार टिक सकेंगे जिनसे इनकी मूल श्रद्धा को पोषण प्राप्त होता हो। इस प्रकार के अध्यात्म के अंतर्गत आग्रह या कट्टरता के लिए कोई अवकाश ही नहीं हो सकता। जबतक इस मौलिक श्रद्धा में कि जीवन मात्र एक है और अखंड है, किसी प्रकार की न्यूनता का दर्शन नहीं हो जाता, इस श्रद्धा के आधार पर निर्मित प्रेरणाओं में समाज के लिए अस्वास्थ्यकर प्रवृत्तियों का समावेश नहीं हो सकता। इसलिए अध्यात्म एक निर्मल श्रद्धा है।

विनोबाजी ने लिखा था, "मेरे लिए अध्यात्म का अर्थ है हृदय-ग्रंथियों का छेदन।" हमारे अंतर की मूल ग्रंथि है विनाशी और अविनाशी का एकरूप हो जाना। इस एकरूपता के चलते हम विनाशी से ही आबद्ध हो जाते हैं क्योंकि वह सीधे हमारे ऐंद्रिय-बोध का अंग बन जाता है। फलतः "मैं देह हूँ" की भावना जड़ जमा लेती है। यह मूल ग्रंथि है और बिना इसके उच्छेदन के हमें अपने स्वरूप का यथार्थ ज्ञान नहीं हो सकता, न ही हम अपनी मनुष्यता को उपलब्ध हो सकते हैं। इस संबंध में विनोबाजी 'साम्यसूत्र' में लिखते हैं—

"इसके लिए अपने आपको अपनी देह से अलग करके पहचानने की जरूरत होती है। हमारी देह में हम कौन हैं? इस शरीर में कोई अलग चेतन वस्तु है। मैं स्पष्टतः अपने शरीर से भिन्न हूँ। मेरा शरीर ही बीमार होता है, फिर वह दुरुस्त भी होता है। यदि मेरा एक हाथ या दूसरा कोई अवयव कट जाए, तो 'मेरेपन' में कोई कमी नहीं होती। मेरा हाथ या आँख 'मैं' नहीं। इसलिए मेरा वोट का अधिकार छीन नहीं लिया जाता। बुद्धि की भी ऐसी ही बात है। मेरी स्मरण-शक्ति आजकल काम नहीं करती; ज्यादा चिंतन करता हूँ तो थकान आती है। इसलिए मैं किसी डॉक्टर से जाकर शिकायत करता हूँ। जो मेरी स्मरण-शक्ति या बुद्धि की न्यूनता को पहचानता है, वह कौन है? स्पष्ट ही है कि वह कोई मेरी बुद्धि से भिन्न वस्तु है।"

इस प्रकार प्रत्येक दिन के अनुभव से और साधना से जब हमें इसका निर्भ्रांत निर्णय हो जाता है कि "मैं देह नहीं हूँ", इस देह का द्रष्टा चेतन पुरुष हूँ, तब इस मूल ग्रंथि का उच्छेदन होता है।

एक सिंहनी अपने नवजात शिशु को माँद में छोड़ शिकार के लिए निकली। इसी समय एक गड़ेरिया वहाँ आया। उसने मासूम लगते नवजात सिंह-शिशु को देखा तो अपने को रोक न सका। वह उसे अपने साथ लेता गया। अब यह सिंह-शिशु भेड़-बकरियों के साथ पलने लगा। उसी का दूध पीता, उसी के साथ खेल-कूद करता, उसी की भाषा बोलता। धीरे-धीरे वह बड़ा हुआ, किंतु उसके कंठ से सिंह गर्जना की जगह में-में का ही स्वर निकलता।

एक बार बकरियों के साथ वह खेल रहा था, तभी उसपर एक सिंह की नजर पड़ी। उसने कहा, "अरे! तुम बकरियों के साथ खेल रहे हो? तुम सिंह हो।"

"नहीं, मैं बकरी हूँ," सिंह के बच्चे ने उत्तर दिया।

"नहीं, तुम सिंह हो," सिंह ने जोर देकर कहा।

किंतु सिंह के बच्चे ने अपना सिंह होना स्वीकार नहीं किया। सिंह ने कहा, "तुम मेरे साथ नदी तट पर चलो।" दोनों नदी-तीर पर पहुँचे। "अब जरा नदी में अपनी परछाईं तो देखो। क्या तुम मेरे जैसे नहीं लगते?"

सिंह का बच्चा देर तक नदी के जल में अपनी परछाईं देखता रहा। "हाँ, मैं भी आपकी तरह सिंह हूँ।" उसे विश्वास हो गया। उसने अपना परिचय पा लिया।

"अब बकरी की तरह मिमियाना छोड़ो और मेरे साथ मिलकर सिंह-गर्जना करो।"

उन्होंने मिलकर जोरदार गर्जना की। गर्जना सुनकर गड़ेरिया और उसकी बकरियाँ भाग खड़ी हुईं।

हम अपने वास्तविक स्वरूप से अनभिज्ञ हैं। शरीर मन का संगी होकर, हमने अपने को शरीर-मन ही मान लिया है। फलतः सारा जीवन हम अपनी शारीरिक-मानसिक ऐषणाओं की पूर्ति में ही लगे रहते हैं। जब एक सद्‌विचार आकर हमें, हमारे सच्चे रूप से परिचित कराता है और आत्म-साक्षात्कार के पथ पर ले जाता है, तब हम समझ पाते हैं कि हम शरीर नहीं आत्मा हैं, पशु नहीं पशुपति हैं, जीव नहीं शिव हैं। फिर हमारा कुल जीवन ही बदल जाता है।

जब तक देह-भाव का अंत नहीं होता अर्थात् यह मूल ग्रंथि नहीं टूटती कि "मैं देह हूँ" (मैं प्राण हूँ, मैं मन हूँ, मैं बुद्धि हूँ की प्रतीति भी "मैं देह हूँ"—के ही अंतर्भूत हैं।) तबतक इस देह-मन के अहं बोध के चलते अन्य भी अनेक प्रकार की ग्रंथियाँ हमारे अंतर का हिस्सा बन जाती हैं। मैं हिंदू हूँ, मैं क्षत्रिय हूँ, मैं भारतीय हूँ, मैं काला हूँ, मैं धनवान् हूँ, मैं अफसर हूँ, मैं बुद्धिमान हूँ—ये सब ग्रंथियाँ हैं क्योंकि इन सबका मेरे यथार्थ स्वरूप के साथ कोई संबंध नहीं। ये सब मेरी देह का परिचय हैं, मेरा नहीं। हम अपने यथार्थ स्वरूप से अनभिज्ञ रहकर जब इन रूपों में अपने को जानने लगते हैं तब विश्व में विभाजन और पृथकता को गति प्राप्त होती है। इसलिए विचारपूर्वक इस प्रकार के आवरणों से स्वयं को मुक्त करते रहना चाहिए।

हम ध्यान दें तो पाएँगे कि दिन-प्रतिदिन के व्यवहार में हमारे भीतर कितनी ही प्रकार की गाँठें बनती जाती हैं। किसी ने मेरे साथ अभद्रतापूर्वक व्यवहार किया तो उसके प्रति शत्रुता की एक गाँठ अंतर में पड़ गई। साथ ही वह किस प्रकार का व्यक्ति है, इसे लेकर भी एक पूर्वग्रह निर्मित हो गया। हमने मान लिया कि अमुक व्यक्ति अभद्र, अमुक क्रोधी, अमुक ईर्ष्यालु, अमुक सज्जन है आदि। इसी के अनुरूप एवं अपने प्रति

उनके व्यवहार के अनुरूप हमारे मन में मैत्री, शत्रुता, स्पर्धा, ईर्ष्या, द्वेष आदि की गाँठें बन गईं। इनसे हमारा व्यवहार प्रभावित होने लगा। सामने वाला व्यक्ति बदल रहा है, हम उसे पुराने फ्रेम में ही कैद किए बैठे हैं। न हम खुद बदल रहे हैं न सामनेवाले को अपने पूर्वग्रह से मुक्त होने की छूट दे रहे हैं। इस प्रकार हमारा और हमसे संबद्ध व्यक्ति का भी जीवन व्यर्थ की चीजों को ढो-ढोकर असहज हो जाता है।

व्यक्ति जिस स्थिति में है, उसमें यह विशेष रूप से कठिन है कि वह आकांक्षा न करे, कुछ चीजों और घटनाओं की लालसा न रखे, तुलना न करे। लेकिन स्थिति जो भी हो, आकांक्षाएँ, लालसाएँ तथा तुलना कायम रहती है। हम सदा लालायित रहते हैं, अधिक या कम के लिए। यह सब करता है मन। मन अपने भीतर एक केंद्र का निर्माण क्यों करता है, जिसके चारों ओर वह घूमता है तथा अपना अस्तित्व बनाए रखता है? जीवन में हैं हजारों प्रभाव, असंख्य दबाव-चेतन और अचेतन। इन दबावों और प्रभावों में से हम कुछ को चुन लेते हैं और कुछ को हटा देते हैं और इस प्रकार हम धीरे-धीरे एक केंद्र का निर्माण करते चले जाते हैं। हर प्रभाव, हर दबाव हमें प्रभावित करता हैं और उस प्रभाव को अच्छा या बुरा कहा जाता है।

ऐसा नहीं लगता कि उस दबाव को हम ध्यान से देख पाते हैं, उसमें हम किसी भी ढंग से भाग न लें, उसका प्रतिरोध करते हुए या उसका स्वागत करते हुए। यह प्रतिरोध या स्वागत उस केंद्र को उत्पन्न करता है, जिससे हम कार्य करते हैं। क्या यह संभव है कि मन उस केंद्र का निर्माण न करे? इस केंद्र का अंत होने के साथ ही सच्ची स्वतंत्रता जन्म लेती है।

केंद्र का अस्तित्वविहीन हो जाना अर्थात् मन का लय हो जाना। जहाँ मन का बोध नहीं है, वहाँ उसके क्रिया-कलाप भी स्थगित हैं। मन भी अपने स्रोत में लौट आता है। यह स्रोत और कुछ नहीं, हमारा यथार्थ स्वरूप है, जिससे बाहर निकलते हैं, तो मन खड़ा होता है।

ग्रंथियों के झर जाने का अर्थ होता है मुक्त मन की अवस्था। मुक्त मन कैसा होता है? विनोबाजी लिखते हैं, ''मुक्त मन को मैं खाली आकाश की उपमा देता हूँ। बाहर से व्यापक, अंदर से शून्य! बादल आएँ-जाएँ, धूल आए-जाए, हवा आए-जाए, सबके लिए वहाँ अवकाश है। आकाश में हवा चलती है, धूल उड़ती है, बारिश बरसती

है, आकाश तो आकाश है। आकाश को उसका स्पर्श नहीं। वैसे चिंतन जारी है। फिर भी मुझे उसका स्पर्श नहीं होता।" हम समाज में हैं। न जाने कितने प्रकार के भाव, विचार, मन से होकर गुजरते होंगे। हम किसी को पकड़कर बैठते नहीं। वे जैसे आए, वैसे निकल गए—मन पर बिना अपनी लकीर छोड़े हुए। यह है मुक्त मन!

श्रीमद्‌भगवद्‌गीता में भगवान् श्रीकृष्ण कहते हैं—

"प्रकाशं च प्रवृत्तिं च मोहमेव च पाण्डव।
न द्वेष्टि संप्रवृत्तानि न निवृत्तानि कांक्षति॥"

यहाँ भगवान् प्रकृति के तीनों गुणों से एक-एक उदाहरण देते हैं। सत्वगुण के कार्यरूप प्रकाश, रजोगुण के कार्यरूप प्रवृत्ति एवं तमोगुण के कार्यरूप मोह, ये अगर चित्त में आते हैं तो उनसे द्वेष नहीं करना कि जाओ-जाओ, मेरे मन में क्यों आ रहे हो? अच्छे हों या बुरे, आने वाले को रोका नहीं और जब वे जाने लगे, चले गए तो फिर उनकी इच्छा नहीं की। अरे-अरे वह कितना प्रिय था, उसका रहना कितना अच्छा लगता था! काश वह फिर मिलता, आता, रहता! नहीं, चला गया तो चला गया, उधर मन गया ही नहीं।

निग्रंथ अर्थात् राग-द्वेष से मुक्ति। फिर वहाँ कुछ भी चिपकता नहीं। इसलिए उसे संसार से कोई भय नहीं रहता। वह जंगल नहीं जाएगा। गुफा-वास नहीं करेगा। वह ऐन समाज के बीच, सभी प्रकार के संबंधों में रहता हुआ मुक्त और निर्भय होकर रहेगा। यह है जीने की कला।

~ ❀ ❀ ~

ग्रंथिहीन मन, मुक्त मन कैसा होता है? विनोबाजी के निम्नलिखित आत्मोद्‌गार में कुछ इसका परिचय मिलता है—

"मेरे पास प्रेम है। उस प्रेम का अनुभव मैं सतत ले रहा हूँ। मेरे पास मत नहीं हैं, मेरे पास विचार हैं। विचारों की लेन-देन होती है। उन्हें चहारदीवारी नहीं होती, वे बँधे हुए नहीं होते। सज्जनों के साथ विचार-विमर्श कर उनका विचार ले सकते हैं और अपने विचार उन्हें दे सकते हैं। इस तरह विचारों का विकास होता रहता है। इसका मुझे निरंतर अनुभव आता है। इसलिए मैं कोई वादी नहीं हूँ। कोई भी मुझे अपना विचार जँचा दे और कोई भी मेरा विचार जँचा ले। प्रेम और विचार में जो शक्ति है, वह और किसी में नहीं है। किसी संस्था में नहीं, सरकार में नहीं, किसी प्रकार के वाद में नही, शास्त्र में नहीं, शस्त्र में नहीं। मेरा मानना है कि शक्ति, प्रेम और विचार में ही है। इसलिए पक्के मतों की अपेक्षा मुझसे न करें। विचारों की

अपेक्षा रखें। कोई भी···अपना विचार समझाकर मुझे अपना बना सकता है। विचार को समझाए बिना ही कोई कोशिश करेगा तो लाख कोशिश करने पर भी किसी की सत्ता मुझ पर चलेगी नहीं।

"मैं केवल व्यक्ति हूँ। मेरे माथे पर किसी प्रकार का लेबल लगा हुआ नहीं है।···मेरी बातें लोगों को अच्छी लगती हैं, क्योंकि मेरे कार्य की जड़ में करुणाा है, प्रेम है और विचार है। मैं इतना बेभरोसे का आदमी हूँ कि आज मैं एक मत व्यक्त करूँगा और कल मुझे दूसरा मत उचित लगा तो उसे व्यक्त करने में हिचकिचाऊँगा नहीं। कल का मैं दूसरा था, आज का दूसरा हूँ। मैं प्रतिक्षण भिन्न चिंतन करता हूँ। मैं सतत बदलता ही आया हूँ।"

हम अपनी देह से, मन से आसक्त होते हैं, इसलिए उससे परे का, गहरे का बोध हमें नहीं होता। विनोबाजी कहते हैं, "हमको अपने कार्य से, अपने अहं से और अपनी प्रियतम भावना से भी थोड़ा अलग होना चाहिए।

"हम थोड़ी देर अपने काम से, अनुभव से, देह से, स्मरण से, आसपास के समाज से, अपने चित्त से अलग होने का अभ्यास करें, तो हम उस स्थान पर पहुँच सकते हैं, जो मूल स्रोत है, जहाँ से आगे दुनिया पैदा होती है। जहाँ दुनिया नहीं थी, देह नहीं थी, और चित्त भी नहीं था। लेकिन कुछ था।

"उसी को किसी ने 'सत्' नाम दिया, किसी ने 'असत्', तो कोई 'परमात्मा' भी कहते हैं। अपनी-अपनी समझ के अनुसार, उसका गुण ग्रहण करते हैं। लेकिन वही एक मूलस्रोत है। यदि हम वहाँ पहुँचते हैं, तो चित्त में अत्यंत शांति और प्रसन्नता आएगी।

"यह एक अनुभव का विषय है, काल्पनिक बात नहीं। जैसे जागृति के अनुभव होते हैं, वैसे ही ये अनुभव 'आब्जेक्टिव' (वस्तुनिष्ठ) होते हैं। एक दृष्टि से उनसे भी अधिक वास्तविक माने जा सकते हैं।

"जहाँ हम मूलस्रोत में पहुँचते हैं, वहीं अपने चित्त से भी अलग हो जाते हैं।"

अपने से अलग हटने में ही सच्ची अनासक्ति है और सच्ची स्वाधीनता भी! चित्त से अलग होना, यानी चित्त-संचार का साक्षी बनना। साक्षी बनते हैं तो वह संचार बेचारा बंद ही पड़ जाता है। मैं एक ही देह में नहीं, सभी देहों में हूँ, इसका भान आना चाहिए। और जीवन में वह रहना चाहिए।

अध्यात्म जीवन जीने की कला है। हम साधारणत: जीवन जीते नहीं हैं, जीवन काट देते हैं। एक प्रवाह चल रहा है। हम उसी प्रवाह के हिस्से बन जाते हैं और प्रवाह-पतित से बहते-बहते मृत्यु का ग्रास बन जाते हैं। और हम समझते हैं यही है जीना। इस जीने में हमारी कोई भूमिका नहीं है। हम वही करना चाहते हैं, वही बनना चाहते हैं, जिसकी समाज में पूछ होती है! समाज कहता है डॉक्टर बनो, इंजीनियर बनो, प्रशासनिक अधिकारी बनो, व्यापार-प्रबंधक बनो या बड़ा व्यवसायी बनो, उद्योगपति बनो, खिलाड़ी बनो, राजनेता बनो, साधु बनो और हम अपना जी-जान लगा देते हैं, अपने जैसे ही कितने और लोगों को स्पर्धा में पछाड़कर या तो अपना गंतव्य पा लेते हैं या कोई दूसरा हमसे अधिक तेज-तर्रार व्यक्ति हमें पछाड़ देता है और हम अपनी असफलता को बिसूरते हुए घिसटते रहते हैं…जीवन गुजार लेते हैं।

जन्म के साथ ही हमारी जाति, हमारा धर्म, राष्ट्रीयता इत्यादि तय हो जाते हैं और हम उन्हें जिंदगी भर अहंकारपूर्वक ढोते रहते हैं। हमारी भाषा, हमारा खान-पान, रहन-सहन, पर्व और त्योहार, सभी या तो हमें प्राप्त होते हैं या सामाजिक प्रचलन के प्रभाव में हमारे जीवन का अंग बन जाते हैं।

हमें परंपरा से अनेक प्रकार की शिक्षाएँ मिली हैं। उन आदर्श प्रेरणाओं के लिए हमारे दिल में जगह बनती है। पुस्तकों, धर्म-पुरुषों के वचनों से भी हम प्रभावित होते हैं और हमें लगता है कि हाँ, हमें इसी तरह जीना चाहिए। किंतु हम सामाजिक प्रतिकूलता से तुरंत पराजित हो जाते हैं और वह जिंदगी नहीं जीते जो हमें पसंद होती है, बल्कि जिस प्रकार की जिंदगी समाज हम पर थोप देता है, हम उसे ही अपना लेते हैं।

यह जीवन जीना नहीं है, चालू व्यवस्था में खप जाना है, यांत्रिक पुर्जे की तरह मशीनरी का हिस्सा बन जाना है।

एक पागलखाने के बगीचे में एक युवक से मेरी भेंट हो गई। उसका चेहरा पीला, सुंदर और विस्मय की भावनाओं से भरा हुआ था। मैं उसके बगल में ही बेंच पर जा बैठा और उससे पूछा, "अरे, तुम यहाँ कैसे आए?" उसने आश्चर्य के साथ मेरी ओर देखकर कहा, "आपका प्रश्न है तो अजीब, फिर भी मैं जवाब देता हूँ। मेरे पिता और चाचा मुझे अपने अनुरूप बनाना चाहते हैं। मेरी माताजी मुझे अपने पिता की प्रतिमूर्ति देखना चाहती हैं। मेरी बहन मेरे सामने अपने नाविक पति का आदर्श उपस्थित करती है और मेरा भाई मुझे अपने समान अच्छा खिलाड़ी

बनाने की बात सोचता है।''

''मेरे शिक्षक अर्थात् दर्शन, संगीत और तर्कशास्त्र के अध्यापक—सब-के-सब इस बात पर कटिबद्ध हैं कि वे मुझमें अपना प्रतिबिंब देखें।

''इसीलिए मुझे यहाँ आना पड़ा। यहाँ मैं फिर भी ठीक हूँ। कम-से-कम मैं यहाँ अपनी तरह तो हूँ।''

तभी अचानक वह मेरी ओर घूमकर बोला, ''लेकिन यह तो बताइए आप यहाँ कैसे? क्या आपको भी आपकी शिक्षा और सद्बुद्धि ने यहाँ आने के लिए प्रेरित किया है?''

''नहीं, मैं तो एक दर्शक के रूप में यहाँ आया हूँ,'' मैंने उत्तर दिया।

''अच्छा-अच्छा! तो आप इस चहारदीवारी के बाहर के विस्तृत पागलखाने के निवासी हैं!''

हमें जीना है इसी संसार में। संसार है क्या? संसार केवल वही नहीं है, जो हमें घेरे हुए है, वस्तुओं से, लोगों से, अपने आप और धारणा से, बल्कि उनसे हमारा संबंध भी संसार ही है। अर्थात् हमारा संबंध जमीन, जायदाद, प्रकृति, लोगों व अवधारणाओं से है—और असल में तो घटनाओं के उस प्रवाह से भी है जिसे हम जिंदगी कहते हैं। यही संसार है। हम राष्ट्रीयताओं, धार्मिक, आर्थिक, राजनीतिक, सामाजिक और जातीय गुटों में विभाजन देखते हैं। समस्त संसार बाहर से उतना ही भग्न व खंडित है जितना कि भीतर से मानव है। दरअसल यह बाहरी खंडन मानव के आंतरिक विभाजन का प्रकटीकरण है। और जहाँ विभाजन है हिंदू और मुसलिम का, भारतीय और चीनी का, अमीर और गरीब का, सवर्ण और दलितों का, गोरे और काले का जहाँ भी विभाजन है, वहाँ है विरोध, द्वंद्व, संघर्ष। जन्म से लेकर मृत्युपर्यंत जीवन एक सतत संघर्ष बन गया है और यह संघर्ष आदमी-आदमी के सबसे करीबी संबंधों तक में प्रवेश कर गया है।

और हम कभी रुककर यह नहीं पूछते कि यह सब क्या है? यह द्वंद्व, यह संघर्ष, यातना, कष्ट, यह निष्फलता, पीड़ा, हताशा, हिंसा, क्रूरता, हत्या—यह सब क्या है? क्यों है? क्या जीने का कोई दूसरा ढंग नहीं हो सकता? नहीं, हम यह नहीं पूछते। हम बस इस फिराक में रहते हैं कि इस संघर्ष में किस प्रकार आसान राहों से सफलता प्राप्त कर लें और अपने लिए सुरक्षित कोना हासिल कर लें!

यदि हमारे भीतर सुव्यवस्था और क्रम (order) नहीं जन्म लेता, समत्व की

उद्‌भावना नहीं होती, तो यह सबकुछ इसी तरह चलता रहेगा और हम इसी तरह पिस-पिसकर जीते रहेंगे। अध्यात्म का अर्थ है अंतर में समत्व की, सुव्यवस्था की, सुस्पष्टता की चमक फैल जाना।

अध्यात्म का अर्थ है आत्मवान् होने का एहसास। केवल हम नहीं, सब आत्मवान् हैं। इसलिए हम अपने मार्फत सबको जान लेते हैं, जानकर सव के हो जाते हैं। तब पूरा विश्व हमारा अपना हो जाता है। लेकिन हम जरा देखें, क्या सचमुच हम आत्मवान् होने का प्रमाण दे रहे हैं? क्या एक सचेतन प्राणी होने का लक्षण हममें प्रकट हो रहा है? हमने क्या इस संसार को गौर से देखा है? सचेत होकर यह जानने की कोशिश की है कि हमारे भीतर क्या घटित हो रहा है? हम किस प्रकार आचरण कर रहे हैं? हमारी जिंदगी कौन सा रूप अख्तियार कर चुकी है? नहीं, हम यह सब नहीं सोचते, बस हत्या पर, दुर्घटना पर, प्राकृतिक आपदा पर, कुकर्म पर आह भरकर रह जाते हैं। और चूँकि अपना सच हम देखते नहीं हैं, बस मूक भाव से स्वीकार किए जाते हैं, इसलिए वह सच सहज ही हमें हजम हो जाता है। कितनी भी क्रूरता हो, नृशंसता हो, दमन और उत्पीड़न हो, कुपोषण और भूख हो, मृत्यु हो—हम सबकुछ पचा जाते हैं और इस तरह इस कुव्यवस्था को टिकाए रखते हैं, जुगाए रखते हैं!

लेकिन एकबार जब हम जगते हैं, अपने सचेतन होने का प्रमाण हम देते हैं और पूरे संसार को, जीवन को, वह जैसा है, उस रूप में देखते हैं; इस पूरी अव्यवस्था को, संघर्ष और द्वंद्व को, हिंसा को, विभाजन को, शत्रुता को खूब अच्छी तरह देखते हैं; किसी विचारधारा, आदर्श या धार्मिक मत की उँगली पकड़कर नहीं, बल्कि वह ठीक हमें जैसा दिखाई देता है, उस तरह उसकी समझ हमें होती है तो हममें एक अत्यंत ऊर्जावान् कर्म की प्रेरणा का जन्म होगा और उसी में से व्यवस्था, भद्रता सहज ही प्रकट होगी। यदि विभाजन और संघर्ष की त्रासदी को हम भली-भाँति समझ लेते हैं तो उस समझ में ही एकता और प्रेम का मूल छिपा होता है।

जीवन का अर्थ है संबंध, लेकिन हम कब किससे मिलते हैं? न हम, हम हैं; न वे, वे! हम भी एक धारणा हैं और वे भी। हमने अपने बारे में भी स्थिर कर लिया है, ''मैं यह हूँ, ऐसा हूँ'' और उनके बारे में भी तय कर रखा है, ''ये

अमुक हैं, ऐसे हैं—अच्छे, बुरे, सीधे-सरल, दाँव-पेंच वाले, समझदार, मंदबुद्धि, ईर्ष्यालु, ऊँची हैसियतवाले, चापलूस आदि-आदि।'' और फिर हम और वे नहीं मिलते, अपने और उनके बारे में स्थिर की गई, हमारी धारणाएँ परस्पर मिलती हैं और इसलिए हमारा आपस में मिलना प्राणहीन, कृत्रिम और सतही होता है और उसी के अनुरूप हमारा संबंध भी बनता है, ऐसा संबंध जिसमें कोई गरमाहट नहीं, स्पंदन नहीं और यह सब जल्द ही ऊबाऊ हो उठता है।

क्या हम एक प्राणवंत मनुष्य की तरह व्यवहार करना सीख सकते हैं? हम अपनी धारणाओं, पूर्वग्रहों को एकबारगी परे झटक सकते हैं? क्या हम एक व्यक्ति से उस तरह मिल सकते हैं जैसा वह है—उस क्षण आपके पास खड़ा एक जीता-जागता इनसान! और क्या हम खुद को अपनी ही धारणाओं की कैद से, अपने लिए निर्मित हो गई छवि की कैद से मुक्ति दे सकते हैं—हम जो हैं, ठीक इस वक्त जैसे हैं, उसे आजादी से साँस लेने दे सकते हैं?

संबंधों में कितनी आसानी से हम कुछ खास आदतों के अभ्यस्त हो जाते हैं। और उनमें किसी भी परिवर्तन को बरदाश्त नहीं करते। हर चीज को इस तरह बँधा-बँधाया, नियमित और सुरक्षित कर लिया जाता है कि वसंत के लिए आवश्यक खुली हवा और ताजगी के लिए कोई संभावना ही नहीं रह जाती।

धारणा-मुक्ति, ग्रंथि-मुक्ति—यह अध्यात्म का सार है और जब ऐसा घटित होता है तो जैसे एक नए आलोक से हमारा परिचय होता है, एक नई सुगंध जो ताज़े खिले फूल की सुगंध है हमारे जीवन में भर जाती है।

वृक्षों-वनस्पतियों की जीवन-पर्यंत हरियाली का राज हम जान गए हैं। हमने भी उनकी तरह पीले पड़ गए पत्तों को त्यागकर नए पत्ते धारण करने की युक्ति सीख ली है।

अपनी दिलचस्पियों की पुरानी हदों को तोड़कर नई अभिरुचियों की हरी-भरी वादी में हम प्रवेश कर रहे हैं। यह हमारे अपने पतझड़ और वसंत का जीवनदायी ऋतु-चक्र है।

अभी कल तक आपके जीवनयापन के साधनों और तौर-तरीकों को लेकर मुझमें गहरी उत्सुकता हुआ करती थी। आज मैं आपकी पीड़ा का राज जानने को व्याकुल हूँ। जानना चाहता हूँ, हृदय की अभिलाषाओं के पूर्ण होने का स्वप्न देखनेवाला वह हौसलामंद राजकुमार आपमें आज भी जीवित है न?

जानना चाहता हूँ क्या आप अपने या औरों के दर्द का, बिना उसे छुपाए या सहन-योग्य बनाए, बिना उससे बँधे या निराश हुए, संग कर सकते हैं?

क्या कर सकते हैं नृत्य, नख-शिख हर्षोन्माद में पागल होकर, अपने या औरों के आनंद के ऊँचे उठते ज्वार में?

विश्वसनीय—भरोसा करने योग्य हो सकते हैं बंधु आप?

देख सकते हैं सुंदरता, बावजूद इसके कि वह प्रतिदिन उतना आकर्षक न भी दिखे?

क्या आप ईश्वर की चिर-उपस्थिति में अपने जीवन के मूल स्रोत का उद्घाटन कर सकते हैं?

इच्छा होती है, यह जानूँ कि क्या सहज होकर रह सकते हैं आप, अपनी या अन्य की सफलताओं-असफलताओं के मध्य?

आपकी धन-संपत्ति को लेकर मुझे कोई कौतूहल नहीं होता। उत्कंठित हूँ यह जानने के लिए कि दुःख और हताशा की विषाद रात्रि गुजारकर, समाज के प्रति बाकी बची जिम्मेदारियों को पूरा करने के लिए आप खोल सकते हैं अपनी आँखें, सूर्योदय की पहली किरण के साथ?

नहीं जानना मुझे, कौन हैं आप, यहाँ क्यों आए? हसरत है तो इतनी कि काश आप खड़े रह सकते, धू-धू कर जलती अग्नि की भीषण लपटों के मध्य! नहीं दिखाते अपनी पीठ!

जानना चाहता हूँ, भगवान् के लिए, स्वप्न के लिए, जिंदा होने के अहसास से जुड़े खतरों से खेलने के लिए क्या पैदा होगा आपमें दीवानगी का जुनून?

जरा भी जिज्ञासा नहीं होती मुझे कि आप कितने बड़े विद्वान् हैं, कितना ज्ञान है आपको? जानना चाहता हूँ बस इतना भर कि जब अन्य सभी दूर जा पड़े, वह क्या था जिसने आपको भीतर से सहारा दिया?

एक बात बताएँगे बंधु? क्या आप अपने साथ नितांत एकाकी हो सकते हैं? क्या एकांत के रिक्त क्षणों में इच्छा रखते हैं आप प्रियतम भगवान् के संग की?

(''एस.क्यू.—द अल्टिमेट इंटेलिजेंस'' पुस्तक में उद्धृत 'दि इनविटेशन' कविता में व्यक्त भावों पर आधारित।)

हमारा मन सुरक्षा का छोटा-मोटा किला बना लेता है। हम हर चीज के बारे में सुनिश्चित होना चाहते हैं—अपने संबंधों के बारे में सुनिश्चित या अपनी आशाओं,

इच्छाओं की पूर्ति या भविष्य के बारे में सुनिश्चित। किसी-न-किसी रूप में सुरक्षित होने की चाह इतनी प्रबल है कि मन ऐसे किसी भी ढाँचे के साथ अपना सामंजस्य बिठा लेता है, जो उसे सुरक्षा और सुनिश्चितता दे सके। और इस प्रकार हम इन आंतरिक कारागृहों का निर्माण कर लेते हैं। यह विचित्र है कि किस तरह मन सदा एक ऐसे क्षेत्र की खोज में रहता है जहाँ कोई विघ्न, कोई प्रतिरोध न हो। हमारा मन तब एक संवेदनशून्य और बोझिल वस्तु बन जाता है—मंद और गाफिल।

और मन में जब तक सुरक्षा की माँग बनी रहेगी, तब तक आप किसी-न-किसी प्रकार की सत्ता को आमंत्रित करते ही रहेंगे—सत्ता चाहे शासन की हो, गुरु की हो, या आपकी देखभाल करनेवाले स्वजन की हो, विचारधारा और मान्यता की हो। सुरक्षा की माँग को ध्यान में रखकर बननेवाले संबंध से इसलिए प्रेम विदा हो जाता है, अधिकार की भावना मजबूत होती रहती है। और फिर वही अधिकारी, जिसे हमने चाहकर खड़ा किया, चाहे वह पति हो या विचारधारा, हमें घेरता है और हम प्रताड़ना का अनुभव करते हैं। और इस प्रकार हमारा सुरक्षित होने का, सुनिश्चित होने का बोध भी तिरोहित हो जाता है।

सुरक्षा के इन क्षेत्रों का, विभिन्न रूपों में, सतत विघटन और पुनर्निर्माण ही हमारी जीवन प्रक्रिया बन गई है। परंतु सुरक्षा कहीं भी होती ही नहीं है। और जब कोई उसे वस्तुतः समझ लेता है तो वहाँ बिलकुल ही भिन्न चीज होती है, जो जीवन के अपने ही ढंग का निर्माण करती है। किसी भी तरह की कोई सुरक्षा न रखने में ही स्वतंत्रता है।

अध्यात्म एक जीवन दृष्टि है। यह केवल कुछ खास आचारों, साधना पद्धतियों या धार्मिक मान्यताओं का हमारे जीवन का हिस्सा बन जाना नहीं है। वस्तुतः यह तो हमारे जीवन जीने का ढंग है, हमारे प्रत्येक आचरण को धो-माँज देनेवाला चेतना का प्रकाश है। रामनंदनजी लिखते हैं, "...आज आध्यात्मिक साधना से कहीं ज्यादा महत्त्व है आध्यात्मिक जीवन का। आध्यात्मिक जीवन नहीं बना तो आध्यात्मिक साधना व्यर्थ है।" यह आध्यात्मिक जीवन ही है, जिसे लेकर एक स्वस्थ समाज के निर्माण का स्वप्न पूरा हो सकता है। इसलिए अध्यात्म का अर्थ होगा पूरे जीवन में एक आमूल परिवर्तन, जिसका स्रोत इस निष्ठा में है कि सृष्टि मात्र में ही एक मूल तत्त्व विराजमान है—'सब मह रम रहिया प्रभु एका...'। साधना से इस सत्य की प्रतीति होती है और तब वह निष्ठा हमारे अंतर का हिस्सा

बनकर, हमारे मानस में रच-बसकर, हममें एक नई मनोभावना का निर्माण करती है, जिससे हमारे प्रत्येक विचार, व्यवहार, चिंतन और कर्म परिचालित होते हैं।

इसलिए हमें सतत अपने आचरण के प्रति पूर्ण सजग रहना चाहिए। अपने भीतर उठनेवाले प्रत्येक विचार का साक्षी बनना होगा और हमें अपने जीवन-यापन के सभी सरोकारों पर सावधानीपूर्वक चौकसी रखनी होगी कि उनसे हमारे जीवन का कैसा स्वरूप निर्मित होता है? साधना में जिस सामूहिक चित्त का स्पर्श हमने पाया, क्या हमने उसे जीवन-व्यवहार में उतारकर उसकी सिद्धि की? यदि हम इस ओर सचेष्ट नहीं रहेंगे तो इस बात का खतरा रहेगा कि हमारे जीवन के दो टुकड़े हो जाएँ; हमारे अनुभव का सत्य अन्य हो और हमारे व्यवहार का स्वरूप अन्य। इस प्रकार का दोहरा मापदंड हर हालत में छोड़ना होगा।

आध्यात्मिक जीवन निर्माण का अर्थ है अपनी अभिरुचियों, मनोवृत्तियों, आदतों, संकल्पों के प्रति एकबारगी सचेतन होना, उन्हें अच्छी तरह समझना और उस समझदारी के अनुरूप परिवर्तन लाना। यह परिवर्तन किसी भी प्रकार के बाह्य दबाव के कारण नहीं, बल्कि अपने और अपने चारों ओर के जीवन के प्रति हासिल हुई समझदारी से सहज ही घटित होता है। रामनंदनजी ने कुछ प्रमुख बिंदुओं की चर्चा की है, जो जीवन की दशा और दिशा को समझने में सहायक हो सकते हैं—

- आपका अपनी पत्नी और परिवार के लोगों के साथ कैसा व्यवहार है? आपका अपने मित्रों के साथ कैसा व्यवहार है? क्या आप उन्हें समझाकर, डाँटकर, उनके लिए प्रार्थना कर उनका मन भगवान् की ओर मोड़ने के लिए सक्रिय चेष्टा कर रहे हैं? क्या उनके साथ आप सामूहिक रूप में, परनिंदा सुनते या करते हैं? आपके जीवन का दायरा केवल आपके परिवार तक ही सीमित है या उससे बाहर भी सद्विचार के आधार पर आत्मीय जनों का एक वृहत समूह है? क्या उनके सुख के और दुःख के आप साथी बन गए?
- आपको देखना होगा कि आप समय और रुपयों का कैसा उपयोग करते हैं? आपका अपना कुछ भी नहीं है। आपकी नौकरी, आपका व्यवसाय, आपका परिवार, आपका समय, आपके रुपये, आपका पद, आपकी प्रतिष्ठा—सबकुछ और आपकी भविष्य की जो आशाएँ हैं, बीते हुए दिनों

की यादगार हैं, उन्हें और अंत में अपने आपको भगवान् के चरणों पर अर्पित कर देना है।

- क्या आप अपने समय और रुपयों का हिसाब रखते हैं? अपने समय और धन के व्यय पर क्या आपने इस दृष्टि से सोचा है कि इनका कितना अंश (क) सम्यक आजीविका की दृष्टि से आवश्यकता-पूर्ति पर खर्च होता है, (ख) कितना अंश भोग में जाता है और (ग) कितना अंश व्यर्थ खर्च होता है? समय और धन का भोग में या व्यर्थ व्यय आध्यात्मिक पाप है। जो भी समय और धन आप बचा सकें उसे मानव-सेवा के लिए अर्पण कर दें। मानव-सेवा, भगवान् की ही सेवा है, यह भावना निर्भ्रांत रूप में आपके अंतर में बननी चाहिए।

दूसरी ओर हमें यह भी ध्यान रखना होगा कि आवश्यकता और भोग के बीच में एक और स्तर है, जिसे उपभोग कहते हैं। आवश्यकता से उठकर जीवन का व्यवहार यदि उपभोग में चला जाए तो बहुत हानि नहीं है। परंतु किसी भी हालत में भोग के स्तर में जीवन का व्यवहार नहीं जाना चाहिए।

हमें अपनी आवश्यकता को अच्छी तरह समझ-बूझकर अपने खर्च पर एक सीमा (Limitation on Expenditure) लगा देनी चाहिए। जिसके हृदय ने सच्चाई, सरलता और सादगी को स्वीकार कर लिया है, उनके जीवन के व्यवहार में स्वत: ऐसी एक सीमा-रेखा बन जाती है।

- क्या क्रोध को प्रेम में बदलने की चेष्टा आप कर रहे हैं? क्या भोग-लिप्सा को मानव-सेवा में परिणत कर रहे हैं? क्या काम-वासना को पूजा के पुष्प के रूप में बदल रहे हैं? क्या आपके अंतर में विशेष पुरुष होने की कामना जब-जब जगती है, उसे पाप की दुरभिसंधि मानकर फेंकने की चेष्टा करते हैं?
- सांसारिक कष्टों को भाग्य का विधान मानकर तपस्या स्वरूप भगवान् का आशीर्वाद समझ सहर्ष रूप में ग्रहण करने की पात्रता लाने की चेष्टा हो रही है? यह होगा तभी जीवन में शांति और संतोष का आगमन होगा।
- क्या जब-जब आपके मन में व्यर्थ के विचार उठते है, आप उन्हें फेंकते रहने की अनवरत् चेष्टा करते हैं? सुबह-शाम साधना के आसन पर बैठकर निर्विचार रहने की चेष्टा व्यर्थ होगी यदि आप सारे दिन निरर्थक विचारों को फेंकते नहीं रहे। भगवान् की प्रेमिल ज्योति-शिखा को अनवरत् जगाए रखने और इसके विरोधी विचारों को फेंकते रहने के आधार पर

ही आत्म-समर्पण संभव है।

- कामना, वासना, महत्त्वाकांक्षा आदि की सभी गाँठों (knots) को खोज-खोज कर सामने लाना है और उन्हें देखकर, समझकर उनसे मुक्ति पाने की चेष्टा करनी है तथा भगवान् से प्रार्थना करनी है कि उनके बंधनों से उद्धार हो।

संसार में प्रत्येक मनुष्य के सांसारिक प्रश्न स्वभावत: रहते ही हैं। इनके समाधान के लिए प्रयत्न करना संसार में जन्म लेने का टैक्स देने के समान है। व्यक्ति जब इन सांसारिक प्रश्नों को टैक्स न मानकर उन्हें प्रिय मानने लगता है, तब वह जो टैक्स देता है, बीस गुना, सौ गुना ज्यादा देता है। यह आसक्ति और मोह के कारण होता है। इन गाँठों को खोले बिना उच्चतर साधना मरुभूमि में पड़े पानी की तरह सूख जाती है।

- जीवन को धीरे-धीरे भगवान् के चरणों में समर्पित करना है और एकमात्र उन्हीं पर अपने को आश्रित बनाते जाना है।
- जिस नाम से हो, जिस रूप में हो, जिस भाव से हो, भगवान् का स्मरण सतत चलता रहे। अंतर में भगवान् का सतत संग होगा, तो अंतर शांत, संतुष्ट, और प्रसन्न बना रहेगा। आदमी प्रलोभनों से आकर्षित हुए बिना, सन्मार्ग पर चलता रहेगा।

~ ❀ ❀ ~

जीवन एक महान् यज्ञ है। भारतीय सांस्कृतिक जीवन का यह मौलिक आधार रहा है। कर्मोदय के उषाकाल में ही भारतीय मनीषियों ने कर्म के आधार को यज्ञ के रूप में बदल दिया। यज्ञ का अर्थ है भगवान् की प्राप्ति के लिए मानव समाज की निष्काम सेवा और उससे सहज रूप से प्राप्त अंश पर सम्यक आजीविका का निर्वाह। महर्षि याज्ञवल्क्य ने वृहदारण्यक उपनिषद् में यज्ञ का ऐसा ही अर्थ बताया है। प्रकट रूप में यह है मानव-प्रेम और मानव-सेवा। विश्व-प्रेम हमारे हृदय की आधारभूत भावना होनी चाहिए और मानव-सेवा दैनिक दिनचर्या का अंग बने, यही अनासक्त-ग्राहस्थ्य-धर्म रूपी यज्ञ है।

जब तक जीवन यज्ञ स्वरूप नहीं हो जाता, मनुष्य अर्द्धपशुता की अवस्था में मात्र सुख-भोगों के पीछे उन्मत्त होकर दौड़ता रहता है। जीवन यज्ञ के रूप में परिणत हो, इसके लिए इन तीनों धाराओं पर सतत ध्यान रखना होता है—1. ईश्वर प्राप्ति, 2. मानव-सेवा, 3. सम्यक् आजीविका।

विश्व के अधिकांश आध्यात्मिक महापुरुषों ने मानव-जाति को यह संदेश दिया है कि जीवन का लक्ष्य है ईश्वर लाभ। हमारे जीवन का कुल ताना-बाना ही इसी शीर्ष लक्ष्य को दृष्टि में रखकर बुना जाना चाहिए। क्योंकि भगवान् हमारे अंतर के जिस अभाव की पूर्ति करता है, उसे संसार की कोई भी चीज नहीं कर सकती। उसके होने का अर्थ है जीवन की परिपूर्णता का, सार्थकता का बोध। वह न मिला तो हम समझें कि जीवन की सिद्धि नहीं हुई। इसलिए व्यक्तिगत जीवन के अभाव, कष्ट या उलझनों को मिटाने के लिए भगवान् की आराधना नहीं करनी है, बल्कि भगवान् की आराधना के लिए जीवन के बचे हुए सुखों और सुविधाओं की आहुति देनी है।

ईश्वर लाभ का अर्थ क्या है? ईश्वर तो है ही। लेकिन हम अपने देह मन में डूबे रहते हैं, इसलिए अपने ही आधार रूप ईश्वर का परिचय गोपन ही रह जाता है। हमारी अहंता का जैसे-जैसे लोप होता है, ईश्वर लीला उतनी ही प्रकट होती जाती है। जिस शक्ति के आधार पर हमारा यह सारा जीवन चल रहा है, उसका हमें अधिकाधिक परिचय कर लेना चाहिए। उस शक्ति की हमें उत्तरोत्तर प्रतीति होनी चाहिए। जैसे-जैसे हमें इस शक्ति का अनुभव होता जाएगा, वैसे-वैसे हमारा विकास होता जाएगा और हम समझ सकेंगे कि ईश्वर हमसे अलग नहीं है, वही है; हमारा अहंकार, हमारा दैहिक संस्कार उसे छेककर खड़ा है।

जब तक इस ईश्वर का विचार नहीं आता, तब तक मनुष्य साधारण क्रियाओं में ही तल्लीन रहता है। भूख लगी तो खा लिया, प्यास लगी तो पानी पी लिया, नींद आई तो सो गए। इससे अधिक वह कुछ नहीं जानता। इन्हीं बातों के लिए वह लड़ेगा, इन्हीं की प्राप्ति का लोभ मन में रखेगा। इस तरह इन दैहिक क्रियाओं में ही वह मग्न रहता है। इस समय तक परमेश्वर या आत्मा, जो भी कहिए, सिर्फ देखती रहती है, हम पर निगाह रखे खड़ी रहती है। इस स्थिति को 'उपद्रष्टा'— साक्षी रूप से सब देखनेवाला कहा है।

परंतु यह जीव, जो अब तक अपने को देह रूप समझकर, सब क्रिया, सब व्यवहार करता है, आगे चलकर जागता है। उसे भान होता है कि अरे, मैं व्यर्थ ही जीवन बिता रहा हूँ! इस जीवन में तो कुछ सार नहीं, सत्व नहीं। जीव जब इस तरह विचार करने लगता है, तब उसकी नैतिक भूमिका शुरू होती है। तब वह पग-पग पर उचित-अनुचित का विचार करता है। विवेक से काम लेने लगता है।

स्वैर क्रियाएँ रुकती हैं। उच्छृंखलता की जगह संयम आता है। जीव जब इस नैतिक भूमिका में आता है, तब आत्मा केवल चुप बैठकर नहीं देखती रहती, वह भीतर से अनुमोदन करती है। हाँ, अब तुम ठीक रास्ते पर आ गए हो, इस तरह का समर्थन अंतर देने लगता है। अब आत्मा केवल 'उपद्रष्टा' न रहकर 'अनुमंता' बन जाती है।

जीव के नैतिक जीवन की भूमिका में जब अंतर का प्रोत्साहन प्राप्त होता है, तब वह अपने मन के सभी मलों को धोने का यत्न करता है। साथ-साथ वह बाहर की गंदगी को भी दूर करने का प्रयत्न करता है। परंतु ऐसा प्रयत्न करते-करते जब मनुष्य थकने लगता है, "हे भगवान्! मेरे प्रयत्नों की, मेरी शक्ति की पराकाष्ठा हो गई। अब तेरा ही आसरा है!" जब तक मनुष्य को यह अनुभव नहीं होता कि अपने सभी प्रयत्नों के बावजूद वह अकेला ही पर्याप्त नहीं है, तब तक प्रार्थना का मर्म उसकी समझ में नहीं आता। दूसरी ओर जब तक अपनी ओर से परम पुरुषार्थ नहीं कर लिया जाता, तब तक प्रार्थना में बल भी नहीं आता। अपनी सारी शक्ति लगाने पर भी, जब वह प्र्याप्त नहीं जान पड़ती, तब आर्त्त भाव से परमात्मा को पुकारना चाहिए। और तब परमात्मा भी सहायक बनकर खड़ा हो जाता है। वह 'उपद्रष्टा', 'अनुमंता' न रहकर 'भर्ता' बनता है।

सूर्यनारायण आपके द्वार पर सदैव खड़े हैं। बंद द्वार को तोड़कर सूर्य भीतर नहीं घुसेगा। वह दरवाजे को धक्का नहीं देगा। वह दरवाजे के बाहर खड़ा रहेगा। जरा सा दरवाजा खोलते ही वह सारा का सारा प्रकाश लेकर भीतर घुस आता है और अँधेरा दूर कर देता है। परमात्मा भी ऐसा ही है। उससे मदद माँगी कि वह आ पहुँचा। भक्त की सहायता करनेवाला वह भगवान, अधूरे को पूरा करनेवाला वह प्रभु दौड़ पड़ता है। तब वह रैदास के चमड़े धोता है, सजन कसाई का मांस बेचता है, कबीर की चादर बुनता है और जनाबाई के साथ चक्की पीसता है। वह 'भर्ता' बन जाता है, भरण-पोषण करनेवाला बन जाता है।

उन दिनों विनोबाजी पद यात्रा पर थे। रास्ते में उन्हें एक पानी की टंकी दिखाई पड़ी, जिसे सिंचाई विभाग ने जल-संग्रहण के लिए बनवाया था। विनोबाजी उसके नजदीक गए। टंकी खाली पड़ी थी। एक कीड़ा टंकी की दीवार पर चढ़ रहा था। अभी थोड़ी ही दूर वह चढ़ पाया होगा कि गिर पड़ा। उसने फिर चढ़ाई शुरू की। थोड़ी दूर चढ़कर वह फिर गिर पड़ा। विनोबाजी ध्यानपूर्वक उसकी

चेष्टा देखने लगे। कीड़ा बार-बार दीवार पर चढ़ता, बार-बार थोड़ी दूर चढ़कर गिर पड़ता।

अब विनोबाजी अपने स्थान से हिले। उन्होंने आसपास नजर दौड़ाई। उन्हें एक सूखी टहनी गिरी दिखी। उन्होंने उसे उठा लिया और उसे कीड़े के पास ले गए। कीड़ा उस पर चढ़ गया। विनोबाजी ने टहनी ऊपर खींच ली और कीड़े को टंकी से बाहर कर दिया।

साथ के लोग उनके इस कौतुक को देख रहे थे। विनोबाजी ने उनसे कहा, ''कीट यदि बार-बार टंकी की दीवार पर चढ़ने का प्रयास न कर रहा होता तो मैं यह कैसे जानता कि वह टंकी से बाहर आना चाहता है? मैंने जाना तो आगे बढ़कर उसकी साहायता की। इसी प्रकार, हमें पुरुषार्थ करता देखकर परमात्मा हमारे अंतर की भावना से अवगत होता है और आगे बढ़कर हमारी सहायता करता है।''

हमें पुरुषार्थ करना है, क्योंकि पुरुषार्थ करने योग्य शक्ति प्रभु ने हमें दी है। अपनी भावना की जितनी पूर्ण अभिव्यक्ति हम कर सकते हैं, हमें करनी ही चाहिए। यही पुरुषार्थ है। आगे का पथ प्रभु की कृपा का पथ है।

जीव जैसे-जैसे ऊपर चढ़ता है, उसे परमेश्वर की उच्चतर भूमिका का दर्शन होता जाता है। अब तक उसने परमेश्वर के 'उपद्रष्टा', 'अनुमंता' और 'भर्ता' स्वरूप का दर्शन किया। इसके बाद की सीढ़ी है, परमेश्वर के कृपा प्रसाद से कर्म का जो फल मिले, उसे स्वयं न लेकर उसी को अर्पण कर देना। इस भूमिका में जीव परमेश्वर से कहता है, ''तेरे ये फल तू ही ले।'' इस तरह जीवन की सारी पूँजी, सारी कमाई जिस परमात्मा की कृपा से प्राप्त हुई, उसी को वह समर्पित करनी है। भक्त सारा फल-लाभ तत्काल ईश्वरार्पण कर देता है। तो अब परमात्मा 'भोक्ता' हो जाता है। यह जीव की वह भूमिका है, जब परमात्मा ही इस शरीर में भोगों को भोगता है।

इसके बाद संकल्प करना भी छोड़ देता है। कर्म में तीन सीढ़ियाँ आती हैं। पहले हम संकल्प करते हैं और बाद में फल आता है। कर्म के लिए प्रभु की सहायता लेकर, जो फल मिला, वह भी उसी को अर्पण कर दिया। कर्म करनेवाला परमेश्वर, फल चखनेवाला भी परमेश्वर अब उस कर्म का संकल्प करनेवाला भी परमेश्वर को ही हो जाने दें। इस प्रकार कर्म के आदि, मध्य और अंत में सर्वत्र

प्रभु को ही रहने दें।

ज्ञानदेव ने कहा है, ''माली जिधर ले जाए, उधर ही चुपचाप चले जानेवाले पानी की तरह बनो।'' माली पानी को जिधर ले जाना चाहता है, उधर ही वह बिना चीं-चपट किए चला जाता है। माली की पसंद के पौधों को पोसता और बढ़ाता है। इसी तरह मेरे हाथों जो होना है वह उसी को तय करने दो। अपने चित्त के सभी संकल्पों की जिम्मेदारी उसी पर सौंप दो। इस तरह जीवन की सभी हलचल, नाच-कूद, फूलना-फलना सबकुछ करनेवाला परमात्मा ही हो जाता है। मेरे जीवन का वह 'महेश्वर' बन जाता है। इस तरह विकास होते-होते सारा जीवन ही परमेश्वरमय हो जाता है, केवल देह का परदा ही बाकी रहता है।

जीवन का लक्ष्य ईश्वर-प्राप्ति निर्धारित हो जाने पर स्वत: ही व्यक्ति के सामने प्रश्न उठता है कि जीवन की शक्तियों का उपयोग किस दिशा में हो? उसके सामने मानव-सेवा, समाज-सेवा, पड़ोसी की सेवा आदि सहज ही आते हैं। सृष्टि के साथ तादात्म्य स्थापित किए बिना सृष्टिकर्ता के साथ तादात्म्य किस प्रकार संभव है? 'मैं सबमें हूँ, सब मुझमें हैं' इस मौलिक धारणा को छोड़कर सारे विश्व में अनुस्यूत ब्रह्मसत्ता का स्पर्श कोई किस तरह पा सकता है? संसार में वही है, वही है, वही है, इस विश्वास का एक ही प्रमाण है, मानव सेवा। मानव-सेवा के आधार पर ही इस भावना के प्रति हमारी ईमानदारी की पहचान होगी।

प्रथम चरण में परिवार हमारे सामने आता है और उसे शारीरिक, मानसिक, बौद्धिक एवं आध्यात्मिक दृष्टि से तैयार करना अनासक्त गृहस्थ की मानव सेवा है। इसी तरह अपने परिवेश की ओर हमें सहज रूप में उन्मुख रहना चाहिए। सफाई, गरीबों का इलाज, सहयोग समितियों की स्थापना, महिला जागरण, सामाजिक कुप्रथाओं, कुरीतियों के विरुद्ध लोक चेतना का निर्माण, सामाजिक समस्याओं के विविध रूपों के निराकरण के लिए सामूहिक प्रयास का वातावरण तैयार करना आदि कार्य पूर्ण निष्ठा और पूजा के भाव से हमें ग्रहण करना होगा। सामाजिक व्यवहार, धार्मिक व्यवहार, सबमें मानव समानता की व्यावहारिक स्वीकृति हो, इसका सतत ध्यान रखना होगा। पूरी मानव जाति को आध्यात्मिक पथ पर ले जाना मानव जाति की चरम और सर्वोत्कृष्ट सेवा है।

प्राणी मात्र भगवत् मूर्ति ही है। भगवान् की सगुण मूर्ति हैं ये। इनकी आवश्यकताओं की पूर्ति, दु:ख निवारण की चेष्टा में जो पूजा होगी वह विराट् की

विराट् पूजा होगी। नरसिंह मेहता का यह भजन बापू को अत्यंत प्रिय था ''वैष्णव जन तो तेने कहीए, जे पीर पराई जाणे रे; पर दुःखे उपकार करे तोये, मन अभिमान न आणे रे।''

वह सदा परोपकार में लगा रहनेवाला व्यक्ति था। एक दिन वह कारागृह की अवस्था का जायजा लेने पहुँचा। वहाँ कैदियों की दयनीय दशा देखकर उसका अंतर व्याकुल हो उठा। वह गरमी का मौसम था और लू चल रही थी। किंतु कैदियों को साफ-सुथरा ठंडा जल भी नसीब न था। उसने अपनी ओर से उनके लिए शुद्ध एवं ठंडे पेयजल की व्यवस्था कर दी। कैदियों को बहुत बड़ी राहत मिली।

फिर एक दूसरे सज्जन पुरुष आए। उन्होंने कैदियों को परोसा जानेवाला भोजन देखा तो चिंतित हुए बिना न रह सके। उन्होंने उनके लिए अच्छे भोजन की व्यवस्था कर दी।

इसके बाद एक तीसरे दयालु व्यक्ति भी आए। उनका ध्यान कैदियों के कपड़ों की ओर गया। उन्होंने उनके लिए नए कपड़े ला दिए एवं उनकी धुलाई की व्यवस्था कर दी।

इन सभी परोपकारी सज्जनों ने कैदियों की दशा सुधारने के लिए अपनी ओर से प्रयास किए। इनके प्रयासों से उनकी दशा में सुधार भी हुआ। उनके सुख में वृद्धि हुई।

फिर आया एक अनोखा परोपकारी। वह उस कारागृह की चाभी लेकर उपस्थित हुआ। उसने एक-एक कर सभी काल कोठरियों के ताले खोल दिए और कैदियों से कहा, ''जाओ, अब तुम मुक्त हो!''

एक भलाई करनेवाला हृदय सचमुच अनमोल वस्तु है, किंतु जैसे केवल सद्भावना और सहानुभूति ही पर्याप्त नहीं है, सुखों के साधन जुटा देना मात्र भी यथेष्ट नहीं है। सुख के साधन जीवन के पथ को सुविधाजनक बना सकते हैं, उसे बंधनमुक्त नहीं कर सकते। सच्चा परोपकार है इस गहन कारा से मुक्ति दिला देना!

कर्म ज्ञान का ईंधन है। लकड़ी का बड़ा सा कुंदा कहीं पड़ा हो, उसे आप

जलाइए। वह अंगार हो जाता है। उस लकड़ी और उस आग में कितना अंतर है? परंतु उस लकड़ी की ही वह आग होती है। हम जब सेवा के मार्ग पर बढ़ते हैं, तब जीवन की अग्नि प्रज्ज्वलित होती है। इसी में मनुष्य जीवन का तेज प्रकट होता है। दूसरी ओर, कर्म चित्त शुद्धि का साधन है। कर्म वह दर्पण है, जो हमारा स्वरूप हमें दिखा देता है। कर्म यह बतला देता है कि आप क्रोधी हैं, स्वार्थी हैं या और कुछ हैं। हम एक बीमार आदमी की सेवा कर रहे हैं। बीमार आदमी ऐसे भी थोड़ा चिड़चिड़ा हो जाता है। वह बात-बेबात हम पर झल्लाता रहता है और हमें गुस्सा आता है, अरे! हम इसकी इतनी सेवा कर रहे हैं फिर भी यह बड़बड़ाता रहता है! या वह लाख झल्लाता रहा और हमने उसकी तन्मयतापूर्वक सेवा की तो हमारे भीतर अहंकार जागा, "देखो! हममें सच्ची सेवा भावना है!" हमने कोई सत्कर्म किया और लोगों ने उसकी उपेक्षा कर दी तो हममें क्षोभ जगा और प्रशंसा कर दी तो अहंकार! इस प्रकार हम सेवा करेंगे तो हमें अपने दोष दिखाई देंगे। जब दोष दिखाई देंगे तो वे दूर भी किए जा सकेंगे। यदि दोष मालूम ही न हों, तो उनके जाने की संभावना भी नहीं रहेगी।

कोई मनुष्य गुफा में जा बैठता है। वहाँ उसका किसी से भी संपर्क नहीं होता। वह समझने लगता है कि अब मैं शांतिमति हो गया। परंतु गुफा छोड़कर उसे किसी के यहाँ भिक्षा माँगने जाने दीजिए। वहाँ कोई छोटा बच्चा दरवाजे की साँकल बजाता है तो उसका वह साकँल बजाना उस योगी को सहन नहीं होता। वह कहता है—"बच्चे ने क्या खट-खट लगा रखी है!" गुफा में रहकर उसने अपने मन को इतना कमजोर बना लिया है कि जरा सा भी धक्का उसे सहन नहीं होता। जरा खट-खट हुई कि बस, उसकी शांति डिगने लगी।

इसलिए अपने चित्त की परीक्षा के लिए भी सेवा-मार्ग से बढ़िया और कोई साधन नहीं।

हम कर्म-मार्ग पर, सेवा-मार्ग पर आगे बढ़ते हैं, तो हमें अपने गुण-दोषों का परिचय प्राप्त होता है। दोष तो दोष ही हैं, किंतु यदि हमें अपने गुणों का अहंकार हो गया तो यह महा भयंकर दोष बन जाता है। दोष का दर्शन पाकर तो हमें लज्जा आती है और उसे तो हम एकबारगी झटक देना चाहते हैं। किंतु गुण का दर्शन पाकर तो हम निहाल हो जाते हैं और उसे पाल-पोसकर जुगाए रखने की तरकीब करते रहते हैं। इन सबसे हमारा अहं ही मजबूत होता है, जो सभी

दोषों का मूल है। यह सबसे बड़ा बंधन है। लोहे की जंजीर तो फेंक देने के लिए हम अधीर रहते हैं। किंतु सोने की जंजीर हमें जंजीर नहीं, आभूषण प्रतीत होती है, इसलिए उसे धारण किए रहने में ही हमें संतोष मिलता है।

किंतु जब अपने दोषों का परिचय हमें मिलता है तो उसे दूर करने के लिए, चित्त की शुद्धि के लिए साधन-पथ का अवलंब ग्रहण करना पड़ता है। इसे ही गीता में 'विकर्म' कहा गया है। विकर्म अर्थात् विशेष साधना। कर्म के साथ विकर्म की, सेवा के साथ साधना की योजना करनी पड़ती है। इन दोनों के सहयोग से चित्त की शुद्धि होती है। यह साधना चित्त का स्नान है। जैसे शरीर से काम लेते हैं तो शरीर गंदा होता है। उसी प्रकार कर्म करते हैं, सेवा करते हैं तो बाह्य संपर्क का चित्त पर असर होता है। निंदा-स्तुति का असर होता है, मैत्री और शत्रुता का असर होता है आदि-आदि। काम, क्रोध, लोभ, मोह अहंकार आदि दोष चित्त पर लगते हैं तो हमारा चित्त भी गंदा होता है। उसकी सफाई के लिए चित्त का स्नान और भी आवश्यक है। इसी का नाम है विकर्म या साधना। सेवा के साथ साधना जब जुड़ती है तब मनुष्यता की विकास यात्रा शुरू होती है।

लोग अकसर अनुचित, असंगत एवं आत्म-केंद्रित व्यवहार करते मिलेंगे। क्षमा ही किए जा फिर भी तू!

यदि तू दयालु है तो लोग तुझपर गूढ़ स्वार्थ-परता का दोष मढ़ेंगे। दया ही किए जा फिर भी तू!

यदि तू एक सफल आदमी है तो तेरे कुछ झूठे मित्र और सच्चे शत्रु निकल ही आएँगे। चढ़ता ही जा सफलता की सीढ़ी फिर भी तू!

यदि तू सच्चा और स्पष्टवादी है तो लोग तेरे साथ ठगी करेंगे। सच्चा ही बना रह, स्पष्टवादिता ही बरते जा फिर भी तू!

जिसे बनाने में तेरे वर्षों के श्रम लगे हैं, कोई उन्हें एक रात में धूलिसात् कर देगा। निर्माण ही किए जा फिर भी तू!

यदि तूने शांति और एकांत की उपलब्धि की है तो यह लोगों के लिए ईर्ष्या का कारण हो सकता है। खुश ही रहना सीख फिर भी तू!

जो भलाई आज तू करता है, संभव है अगले ही दिन लोग उसे भुला दें। भलाई ही किए जा फिर भी तू!

तेरे पास जो श्रेष्ठ है उसे संसार को देता जा। संभव है, यह भी पर्याप्त न

समझा जाए। सौंपता ही जा सबकुछ संसार को फिर भी तू!

तू देखेगा कि निष्कर्ष रूप में, यह सबकुछ तेरे और प्रभु के बीच ही संपन्न होता रहा; न कि तेरे और दुनियावालों के बीच!

कर्म के साथ जब विकर्म का मेल होता है तो अकर्म सधता है। इसका अर्थ क्या? इसका अर्थ यह कि ऐसा मालूम ही नहीं होता कि कोई कर्म किया है। उस कर्म का बोझ नहीं मालूम होता है, करके भी अकर्ता रहते हैं। फिर कर्म हमसे चिपकता नहीं, न चित्त पर उसका संस्कार ही बनता है। कर्म से पूर्णतः अलिप्त रहना, यह है सच्ची अनासक्ति। जो किया, सो हमने किया, ऐसा भान ही नहीं। तो उस कर्म से उठनेवाली निंदा-स्तुति या इस तरह की दूसरी बातें मन पर अपना असर नहीं छोड़ेंगी।

कर्म का कितना बोझ, कितना जोर, हमारी बुद्धि और हृदय पर पड़ता है। हम कर्म के अच्छे-बुरे होने, उससे प्राप्त होनेवाली निंदा-स्तुति के कारण व्यग्र रहते हैं। कर्म हमें चारों ओर से घेर लेता है, मानो कर्म ने हमारी गरदन धर दबाई हो। कर्म का जंजाल चित्त में घुसकर विक्षोभ पैदा कर देता है। सुख-दुःख के द्वंद्व निर्माण होते हैं। सारी शांति नष्ट हो जाती है। कर्म हुआ और होकर चला भी गया; परंतु उसका वेग बाकी बचा ही रहता है। कर्म चित्त पर हावी हो जाता है। किंतु कर्म में विकर्म डाल देने से वह अकर्म हो जाता है, मानो कर्म करके फिर उसे पोंछ दिया हो। जब कर्म सहज हो जाता है, तो वह अकर्म हो जाता है। फिर इस कर्म का चित्त पर बोझ नहीं होता। कर्म का अहंकार ही मिट जाता है। काम-क्रोध के वेग नष्ट हो जाते हैं। क्लेशों का अनुभव तक नहीं होता। कर्म का भी भान बाकी नहीं रहता।

छोटा बच्चा पहले चलना सीखता है। उस समय उसे कितनी मशक्कत करनी होती है। चलता है, लड़खड़ाता है, गिरता है। उसे चोट लगती है। वह रोता है। किंतु पीछे वही चलना सहज हो जाता है। वह चलता भी रहता है और बातचीत भी करता रहता है। चलने की ओर ध्यान भी नहीं रहता। मन जब उन कर्मों में फँसा रहता है, तब श्रम मालूम होता है, परंतु कर्म जब सहज होने लगते हैं, तो फिर उनका बोझ नहीं मालूम होता। कर्म मानो अकर्म हो जाता है। कर्म आनंदमय हो जाता है।

सूर्य उगता है, पर उसके मन में क्या कभी यह भाव आता है कि अब मैं अँधेरा मिटाऊँगा, पक्षियों को उड़ने की प्रेरणा दूँगा, लोगों को कर्म करने में प्रवृत्त करूँगा? वह उगता है, रहता है। उसका वह अस्तित्व ही विश्व को गति देता है। परंतु सूर्य को उसका पता नहीं। आप यदि उनसे कहेंगे, ''हे सूर्य देव, आपके अनंत उपकार हैं, आपने कितना अँधेरा दूर कर दिया,'' तो वे चक्कर में पड़ जाएँगे। कहेंगे, ''प्रकाश मेरा सहज धर्म है। मेरे पास प्रकाश न होगा, तो फिर क्या होगा? मेरा होना ही प्रकाश है। मुझे नहीं लगता कि मैं कुछ कर रहा हूँ।''

अकर्म की यह ऐसी भूमिका है। साधन इतने नैसर्गिक और स्वाभाविक हो जाते हैं कि उनका आना-जाना मालूम नहीं पड़ता। किसी ने भोजन किया तो क्या हम उसका गौरव करते हैं? खाना, पीना, सोना—जैसे सहज कर्म हैं उसी तरह, सच बोलना, भूतमात्र के प्रति दया, किसी का दोष न देखना, सबकी सेवा-सुश्रुषा करना आदि कर्म भी सहज रूप में होने लगे, ऐसी स्थिति सधनी चाहिए।

ईश्वर निष्ठा को साथ रखकर जब ऐसी अकर्मावस्था प्राप्त होती है तब सकल कर्म भी ईश्वर-प्रेरित ही होने लगते हैं। फिर हम ईश्वर के हाथ के उपकरण मात्र हो जाते हैं। वह हमसे जो काम लेना चाहता है, ले लेता है। संत तुकाराम कहते हैं, ''नारायण के चरणों में यह गठरी पड़ी है। मैं पूर्णतः निश्चिंत हो गया हूँ। मैं अपनी अहंता से नहीं जीता। भगवान् ने मेरा यह अभिमान छीन लिया है। तुकाराम कहता है कि अब सब उसकी ही सत्ता से चल रहा है। मैं अब शून्य रिक्त बन गया हूँ।''

प्रभु के हाथों में यह मुरली पड़ी है। यह एकदम पोली है। ऊपर से आकार मात्र बचा है। प्रभु इसमें फूँक मारकर, जैसी रागिनी चाहते हैं, बजा लेते हैं। मुरली तो बस उसके हाथ का वाद्य है!

कर्म जब स्वाभाविक रूप में होने लगता है तो वह अकर्मावस्था को प्राप्त हो जाता है और यही अकर्मावस्था 'संन्यास' है और योग भी। ईश्वर प्राप्ति का लक्ष्य रखकर कर्म करता रहता है, अतः वह कर्म-योग है, परंतु करते हुए भी कर रहा है ऐसा नहीं लगता, इसलिए 'संन्यास' है।

मूलतः संन्यास की व्याख्या है—''सब कर्मों को छोड़ना।'' सब कर्मों से मुक्त होना, कर्म जरा भी न करना संन्यास है। परंतु कर्म न करने का अर्थ क्या? कर्म बड़ी विचित्र वस्तु है। सर्व-कर्म-संन्यास होगा कैसे? कर्म तो आगे-पीछे,

अगल-बगल, सब ओर व्याप्त हो रहा है। बैठे तो भी क्रिया हुई। 'बैठना'—यह क्रियापद है। केवल व्याकरण की दृष्टि से नहीं। सतत बैठे रहने से पैर दुःखने लगते हैं, थकावट आती है। बैठने में भी श्रम तो है ही। जहाँ न करना भी कर्म सिद्ध होता है वहाँ कर्म-संन्यास हो भी कैसे? तो कर्मों का संन्यास करने की रीति यह है कि ऐसी युक्ति साधी जाए, जिससे दुनिया भर के कर्म करते हुए भी वे सब गल जाएँ, वे मुझसे होते हैं, यह अहंता खड़ी न हो। अहंताविहीन कर्म संन्यास है। और यही 'कर्म-योग'।

परंतु यह उसकी स्थिति का एक पहलू हुआ। वह कर्म करके भी नहीं करता। उसका दूसरा पहलू है, वह कुछ भी कर्म नहीं करता, फिर भी सारी दुनिया को कर्म में प्रवृत्त करता है। उसमें अपरंपार प्रेरक शक्ति है। भाप को रोक रखिए वह कितना प्रचंड कार्य करती है! यह है संन्यास। 'कर्म-योग' में कर्म प्रकट है, अकर्मावस्था गुप्त। 'संन्यास' में अकर्मावस्था प्रकट दिखाई देती है, परंतु उसकी बदौलत अनंत कर्म होते रहते हैं। इस अवस्था में अकर्म में कर्म लबालब भरा रहता है। इसलिए उससे प्रचंड कार्य होता है।

~ ❀ ❀ ~

जब तक शरीर है, ईश्वर प्राप्ति और मानव प्रेम के साथ-साथ जीवन निर्वाह का प्रश्न लगा रहता है। इसलिए बुद्धदेव ने अपने अष्टांगिक मार्ग में सम्यक आजीविका को महत्त्वपूर्ण स्थान दिया है। इस संबंध में बौद्ध जातकों में एक बहुत ही दिलचस्प घटना का उल्लेख है। किसी चातुर्मास्य के समय नवागंतुक को बौद्ध-आचार्य ध्यान की प्रक्रिया बता रहे थे। लेकिन उसे ध्यान होता नहीं था। अंततः यह प्रश्न बुद्धदेव के समक्ष रखा गया। बुद्धदेव ने उसे बुलाकर पहले भरपेट भोजन कराया और उसके नियमित भोजन का प्रबंध मठ में कर दिया। भोजन के दो घंटे बाद से वह सहज रूप में ध्यानावस्थित रहने लगा। कहते हैं, लगभग वह दो महीनों से अधपेटा था। जीवन की आवश्यकताओं की अनदेखी नहीं की जा सकती। इसलिए गांधीजी ने एक समय रवींद्रनाथ ठाकुर के वक्तव्य के उत्तर में कहा था कि पंछी भी दाना चुग लेता है तब गाना गाता है। गांधीजी ने द्विधाहीन भाषा में कहा था कि भूखों का भगवान् रोटी है।

परंतु इस संबंध में सदा सावधान रहना चाहिए कि सम्यक् आजीविका भोग की तृप्ति नहीं है। इसलिए गांधीजी ने सादगी पर इतना जोर दिया था। जबतक व्यक्तियों के अंतस् में ऊँचे स्तर के व्यक्तिगत सुख-भोग की ज्वाला जलती रहेगी,

समता और भाईचारा संभव नहीं है। सादगी और सरलता लक्ष्य के प्रति निष्ठा से अंतस् में स्वयं जगती है। लेनिन के जीवन में एक स्वतः प्रेरित सादगी थी और सोवियत यूनियन का सर्वेसर्वा रहते हुए भी एक कमरे के फ्लैट में उसने उम्र काट दी।

इस प्रकार ईश्वर प्राप्ति के लक्ष्य पर आश्रित, मानव-कल्याण में रस लेता हुआ सम्यक् आजीविका की चेष्टा में निरत जीवन यज्ञ में परिणत हो जाता है। उमर खैय्याम की एक कविता की कुछ पंक्तियाँ हैं—"खाने को रोटी का टुकड़ा/करने को सत्कार्य सहज/तिसपर हिय सन्नाटे में/चलता हो प्रिय स्मरण सतत्।"

(अनुवादक : श्री मैथिलीशरण गुप्त)

□

6

विश्व-धर्म और विश्व-राज्य नवीन विश्व-व्यवस्था की ओर

हमने जिस तरह इनसान को तरह-तरह के लबादों से ढक दिया है उसी तरह भगवान् को भी अपनी-अपनी आस्था के चौखटे में कैद कर दिया है—भगवान् यह है और इतना है! इसलिए आज भगवान् के रूप में भगवान् कहीं दीखता नहीं है; वह हिंदू का भगवान् है या मुसलमान का भगवान् है या ईसाई का भगवान् है! प्रत्येक पंथ अपनी ही एक प्रतिमा का सृजन कर लेता है। ब्रह्मज्ञानी एक ढंग से करता है, बुद्धिजीवी दूसरे ढंग से, आस्तिक और नास्तिक भी अपने-अपने ढंग से इस प्रतिमा का सृजन कर लेते हैं। सबके अपने-अपने सत्य हैं, सबकी अपनी-अपनी धारणाएँ और इन धारणाओं के सींखचों में जकड़ा हुआ भगवान् आज लोगों को बाँट रहा है, उनमें दुराव और संघर्ष को जन्म दे रहा है!

क्या भगवान् लोगों को विभाजित करनेवाला तत्त्व है? क्या भगवान् एक सीमित वस्तु है जिसे आप अपने विश्वास के ढाँचे में ढाल दें? क्या भगवान् एक ऐसा वस्तु है जिसपर लगातार बहस कर, हम सिद्ध कर लें कि हाँ, अमुक पंथ ने भगवान् का जैसा स्वरूप खींचा है, वही सच्चा है, अन्य झूठे! भगवान् आपके शब्दों में, आपके अनुभव में अँटने वाला है? अपनी अहंमन्यताओं के साथ क्या आप भगवत्-साक्षात्कार कर सकते हैं अथवा भगवत्-साक्षात्कार के पश्चात् क्या आपकी अहंमन्यता टिकी रह सकती है?

इसलिए आज हमें सोचना होगा कि जहाँ आग्रह है, वहाँ क्या भगवान् हो सकता है? जहाँ सीमा है, संकीर्णता है वहाँ भगवान् रह सकता है, अँट सकता है?

पैगंबरों, महापुरुषों, अवतारों का नाम लेने से कोई लाभ नहीं। आज उनकी

मौलिक शिक्षाओं का उनके अनुयायियों के जीवन में कोई चिह्न नहीं रह गया है। ईसा मसीह ने कहा था कि सूई के छिद्र से ऊँट गुजर सकता है, किंतु धनिकों को ईश्वर-लाभ होना संभव नहीं। किंतु धन और वैभव का भव्य प्रदर्शन करनेवाले बड़े-बड़े चर्च उठने लगे, जिन्हें देखकर कभी सेंट फ्रांसिस ऑफ असीसि ने आँसू बहाए थे। तंत्र-मंत्र, कर्मकांड का विरोध कर, जो बौद्ध-धर्म खड़ा हुआ उसी में तांत्रिक अभिचार, वामाचार, पंचमकार जैसी गुह्य क्रियाएँ फैल गईं। 'सर्वात्मवाद' की ज्ञान निष्ठा और 'सकल ब्रह्मांड माँ एक तू श्री हरि' की भक्ति-निष्ठा रखनेवाला हिंदू ऊँच-नीच और छुआछूत की अमानुषिकता में निमग्न हो गया, बराबरी बौर बिरादरी का पैगाम देने वाला इसलाम मजहबी कट्टरता की आग सुलगाने लगा…। धार्मिक संप्रदायों से धर्म तो कब का विदा हो चुका, मात्र संप्रदाय बच रहे हैं, जिनसे पूरी दुनिया में हिंसा की ज्वाला फैल रही है। इन्हें धर्म नहीं चाहिए, भगवान् नहीं चाहिए, अपने संप्रदाय की जड़ीभूत कट्टरता में उबाल खानेवाले अनुयायियों की भीड़ चाहिए, हथियारबंद प्यादे चाहिए, जो इनकी राह पर औरतों पर, बूढ़ों पर, बच्चों पर छुरे चला सकें, स्त्रियों की इज्जत से खेल सकें! संसार में तथाकथित धर्म के नाम पर जितना खून बहा है, उतना महायुद्धों में भी नहीं बहा!

और आप उस भगवान् की पूजा कर रहे हैं, जिन्हें इन संप्रदायों ने, संप्रदायवादियों ने गढ़कर आपके आगे कर दिया? जो भगवान् आपको बाँटता है, अन्य प्रकार की पूजा पद्धति स्वीकार करनेवालों के प्रति आपके मन में हिकारत और विद्वेष की भावना भरता है?

इतिहास की धारा आगे बढ़ती रहती है। एक नया विचार आता है! नई आस्था बनती है। एक बड़ा जन-जीवन उससे प्रभावित होता है। उच्च जीवन-मूल्यों की स्थापना होती है। सत्य की ओर मानव-जाति उन्मुख होती है। समय बीतने के साथ दृष्टि सीमित होने लगती है। मूल-प्रेरणाएँ क्षीण हो जाती हैं, स्थूल आचार और कर्मकांड के प्रति आग्रह मजबूत हो उठता है। वे मूल्य जो कायम रहनेवाले हैं, छूट जाते हैं और देश-काल के अनुरूप निर्मित होनेवाले आचारों को कट्टरता से लागू रखा जाता है। इस प्रकार किसी समय की उच्च जीवन मूल्यों से संपन्न आस्था क्रमशः मूल्य-विरोधी, रूढिग्रस्त और कट्टर रूप ले लेती है और मानवता के अकल्याण का कारण बन जाती है। विभिन्न धार्मिक संप्रदायों का यही हश्र हुआ है।

विज्ञान की प्रगति से परस्पर का संपर्क बढ़ा। विजय की प्रेरणा ने शहंशाहों,

सरकारों को अलग-अलग भू-भाग पर आधिपत्य कायम करने की ओर उन्मुख किया। इन सबने अलग-अलग संप्रदायों को माननेवालों के बीच संसर्ग और संपर्क की स्थिति पैदा की। आस्थाओं में भेद हो और संकीर्णताजन्य कट्टरपन पैदा हो जाए तो हिंसा और विद्वेष की अग्नि प्रज्वलित होते देर नहीं लगती। आज का इतना आधुनिक और ज्ञान-संपन्न विश्व सांप्रदायिक उन्माद में झुलसकर एक-दूसरे का नामोनिशान मिटा देने के लिए बेसब्र हो रहा है। इन संप्रदायों ने धर्म का गला दबा दिया, भगवान् को बहिष्कृत कर दिया! आज हमें गंभीरतापूर्वक विचार करना होगा कि इन संप्रदायों का बोझ अपने कंधे पर हम क्यों ढो रहे हैं?

धर्म और संप्रदाय का अंतर हमें अच्छी तरह समझ लेना चाहिए। धर्म में विभाजन नहीं होता। रामनंदनजी लिखते हैं, "जैसे राज्य के स्थायी ध्वज-स्तंभ के आसपास सरकारें उठती और गिरती हैं, वैसे धर्म के ज्योतिस्तंभ के नीचे संप्रदाय बनते और बिगड़ते हैं। धर्म न हिंदू होता है, न मुसलमान होता है, न ईसाई और न बौद्ध। धर्म वह चिर सत्य है, वह सनातन ध्वज-स्तंभ है, जो भौतिक और आध्यात्मिक तत्त्वों का मूल आधार है। उसे जानने, छूने, अनुभव करने की चेष्टा अनंतकाल से वैज्ञानिक अनुसंधान केंद्रों में, मठों, मंदिरों, मसजिदों, गिरजाघरों, आश्रमों में होती रही है और अनंतकाल तक होती रहेगी। उसी के स्पर्श से वैज्ञानिक अनुसंधान-केंद्रों, मंदिरों, मसजिदों, गिरजाघरों के छोटे-छोटे दीप जलते हैं। लेकिन अभागी मानव-जाति आज इन्हीं छोटी-छोटी वैज्ञानिक और सांप्रदायिक दीप शिखाओं को धर्म का ध्वज-स्तंभ मान बैठी है।"

जब हम कहते हैं कि हमें धर्म-मार्ग पर चलना चाहिए तो उसका यह अर्थ नहीं होता कि हिंदू धर्म-मार्ग या मुसलिम धर्म-मार्ग! इसका अर्थ होता है, सत्य के पथ पर, ईमानदारी और प्रेम के पथ पर चलना! यह मनुष्यमात्र का धर्म है! धार्मिक संप्रदाय भी इसकी शिक्षा देते हैं, क्योंकि वे भी धर्म का पथ टटोलने की कोशिश करते हैं। किंतु वे जिस पथ का उद्घाटन करते हैं, उसके प्रति उनका आग्रह कट्टरता का रूप ले लेता है। प्रवर्तक महापुरुष ने सहिष्णुता और प्रेम की कितनी भी शिक्षा दी हो, उनके अनुयायियों के लिए पूर्ण सत्य का प्रथम और अंतिम शब्द उन्हीं तक आकर समाप्त हो जाता है। इस प्रकार खंड के भीतर पूर्ण के होने का मिथ्याभिमान प्रकट होता है और धर्म का रहा-सहा अंश भी उसमें से तिरोहित हो जाता है।

जिस तरह आग का धर्म है—दाहकता, जल का धर्म है—तरलता, उसी तरह मनुष्य का धर्म है प्रेम, करुणा, मैत्री आदि। मौलिक रूप में सहज गुण ही धर्म है। किंतु एक चेतना-संपन्न प्राणी होने के नाते मनुष्य ने जिस प्रकार सभ्यता और संस्कृति का विकास किया, उसके अंतर्गत उसके इन सहज गुणों को भी उसकी आदर्श-प्रेरणाओं के अनुरूप मर्यादित करने की चेष्टा हुई है। मनुष्य के ये सुसंस्कृत, मर्यादित गुण ही उसका धर्म बन गए। धर्म की हानि या धर्म की प्रतिष्ठा से तात्पर्य इन श्रेष्ठ मानवीय मूल्यों की हानि या उनकी प्रतिष्ठा से ही होता है।

व्यापक रूप में धर्म का अर्थ है—धारण करनेवाला। वह महान् सत्य जिसने इस पूरे विश्व-ब्रह्मांड को धारण कर रखा है, धर्म है। इस अर्थ में धर्म और उसका आधार आध्यात्मिक सत्य इतने महान् हैं कि इन्हें पूर्ण रूप से न कोई जान सका और न कोई जान सकता है। लेकिन इन्हें जानने की प्यास न बुझी, न बुझ सकती है। यही प्यास वैज्ञानिक अनुसंधान केंद्रों में वैज्ञानिकों को प्रकृति के धर्मों की खोज में ले जाती है और यही खोज आध्यात्मिक महापुरुषों को प्रकृति के परे के सत्यों की खोज में निमग्न करती है। वैज्ञानिक प्रयोगशालाओं और संप्रदायों के छोटे-छोटे दीप जलते हैं, उस महान् धर्म के ज्योति-स्तंभ को देखने, छूने और अनुभव करने के लिए।

लेकिन जैसे ही इन छोटे प्रदीपों को यह अभिमान होता है कि उन्होंने सबकुछ जान लिया और उसके आधार पर, उन्होंने जिस आचार और व्यवहार का निर्णय लिया, वही एकमात्र सत्य है, तभी अनधिकार चेष्टा की सृष्टि होती है और दूषित रूप प्रकट होता है।

आज वैश्विक स्तर पर मनुष्य को बाँटनेवाले मुख्य घटकों में एक है धार्मिक संप्रदाय। आज का विश्व ईसाई, मुसलिम, बौद्ध, हिंदू, यहूदी आदि संप्रदायों को मानने वाले जन-समूहों में बँटा है। और इनके बीच प्रेम नहीं, विद्वेष, शत्रुता, होड़ और हिंसा की भावना पल रही है। इनका बस चले तो ये दूसरी आस्था रखनेवालों का अस्तित्व इस दुनिया से मिटा दें! जिस प्रकार साम्राज्यवादी ताकतों ने अपने साम्राज्य का विस्तार करने की दुर्दमनीय कामना से ग्रस्त होकर, संसार के दूर-दूरंत के देशों, भू-खंडों पर बल-प्रयोग कर अधिकार स्थापित किया उसी प्रकार ये धार्मिक-संप्रदाय भी अपने अनुयायियों की संख्या बढ़ाने, विश्व में अपना प्रभुत्व स्थापित करने की लिप्सा से प्रेरित होकर, अपने संगठन, धन और प्रभाव का

इस्तेमाल कर, संघर्ष और वैर का बीज बोते रहने में जरा भी संकोच का अनुभव नहीं करते। सांप्रदायिक सोच ने व्यक्ति-व्यक्ति के मानस को प्रदूषित कर दिया है। बच्चे-बच्चे के हृदय में इतर संप्रदाय के माननेवालों के प्रति जहर भर दिया है। हिंसा, आतंक और तबाही पैदा करना—इन संप्रदायवादियों का मुख्य पेशा हो गया है। धर्म के नाम पर ये अमानवीय परंपराओं, कुरीतियों, अंधविश्वासों, जड़ हो चुकी रूढ़ियों का पालन करने के लिए आम लोगों पर दबाव बनाते हैं और गैर बराबरी, शोषण और उत्पीड़न को कायम रखने की साजिश रचते हैं।

ये जब भी मंच पर उतरेंगे घृणा एवं द्वेष की जबान बोलेंगे, हिंसा और प्रतिशोध की आग तेज करेंगे या जलती आग में घी की आहुति डालेंगे तथा चारों ओर धू-धू कर जलती आग में अपने स्वार्थ की रोटी सेकेंगे।

समय परिपक्व हो चुका है कि मानव-जाति संप्रदायों का बोझ उतार दे। इनका कोई लाभ तो मिल नहीं रहा; हाँ, इनसे होनेवाली हानियों का, हिंसा और रक्तपात का, शोषण और उत्पीड़न का मूक गवाह हर वह इनसान है जिसके दिल में पूरी मानव-जाति के लिए प्रेम है, जिसने इनसान को बाँटनेवाले तत्त्वों के अमानवीय स्वरूप को देखने-समझने में उदार और मननशील हृदय का परिचय दिया है। रामनंदनजी लिखते हैं, "क्या विचारकों ने इस बात को कभी सोचा है कि मजहब या धार्मिक संप्रदाय के जाल ने कितनी बड़ी संपदा से मानव-जाति को वंचित रखा है? ईसा मसीह का महान् प्रेम तथाकथित हिंदुओं और मुसलमानों के दिल को क्यों नहीं प्रभावित करता? बुद्धदेव और उनकी अहिंसा सारे विश्व के लिए श्रद्धा की वस्तु होनी चाहिए। राम का मर्यादित जीवन सारे विश्व का आदर्श क्यों न बने? कृष्ण का महान् प्रेम और साहस विश्व की संपदा होनी चाहिए। इन महान् व्यक्तियों को सांप्रदायिकता के दायरे में बाँधकर हमने इन्हें नीचे गिरा दिया है। विचारकों से मेरी प्रार्थना है कि इस प्रश्न पर विचार करें कि उस मानव-हृदय का स्वरूप कैसा होगा, जिसमें राम, कृष्ण, मुहम्मद, ईसा सबके लिए श्रद्धा और प्रेम भरा हो? इन महान् संप्रदाओं से मजहब या सांप्रदायिकता विश्व को वंचित रख रही है।...सेंट फ्रांसिस ऑफ असीसी का महान् प्रेम विश्व की संपदा होनी चाहिए। जलालुद्दीन रूमी के भगवत्-प्रेम की महानता का आनंद प्रत्येक हिंदुस्तानी ले सकता है और लेना भी चाहिए। ओल्ड टेस्टामेंट के सामगान (Psams) सबके लिए आह्लादकारी हैं।"

हमें यह फैसला करना चाहिए कि हम विश्व की महान् धरोहरों की सामूहिकता में, संगम में स्नान करना चाहते हैं या भावनात्मक और वैचारिक रूप में किसी संकीर्ण और सीमित चौखटे में खुद को जकड़े रखना चाहते हैं!

विज्ञान ने विश्व की एकता को दृढ़ भूमि पर स्थापित कर दिया है। आज इसके विपरीत हम विश्व को टुकड़ो में तोड़कर क्यों रखना चाहते हैं? जैसे रसायन-शास्त्र का कोई जापानी या हिंदू संस्करण नहीं हो सकता; भौतिकी, भौतिकी है, वह न हिंदू है न मुसलमान, इसी तरह आध्यात्मिक तत्त्व भी एक ही है। आध्यात्मिक तत्त्व का कोई हिंदू या मुसलिम संस्करण नहीं हो सकता। धार्मिक सांप्रदायिकता सड़े हुए अंधविश्वास मात्र रह गए हैं। आज हिंदू, मुसलमान और यहूदी आदि के लबादों के नीचे जो मानवता सड़ रही है उसे जागृत करना हो, तो इन लबादों को फेंक देना होगा और एक ही विशाल मानवीय चेतना का साझीदार बनना होगा।

श्री रवींद्रनाथ ठाकुर ने 'रिलिजन ऑफ द मैन' (Religion of the man) अर्थात् मानव-धर्म की चर्चा की थी। यह आज के विश्व की तात्कालिक जरूरत बन गई है। संप्रदाय का संकीर्ण ढाँचा जब टूट जाएगा तो धर्म का एक वैश्विक स्वरूप प्रकट होगा। विश्व-धर्म के अंतर्गत ही धर्म तत्त्व को समुचित पोषण प्राप्त हो सकता है। धर्म जो हमें खुद को समझने की प्रेरणा देता है। मंदिर, मसजिद या गिरजाघर जाना या उपवास रखना या मंत्र का जप करना या धर्म-पुस्तकों का पाठ करना, ये सब या इस तरह की अन्य बातें धर्म नहीं हैं। धर्म है अपने अंतर्बाह्य की पूर्ण समझदारी हासिल करना; अहं, क्रोध, ईर्ष्या, द्वेष, महत्त्वाकांक्षा, लोभ को, जब-जब वे उठते हैं, उनका सजग रूप में निरीक्षण करना, यह देख पाना कि इस प्रकार की वृत्तियों ने पूरे समाज का क्या हश्र कर दिया है और यह सब देख-समझकर अपने भीतर एक क्रांतिकारी परिवर्तन ला सकना—एक धार्मिक मन इस तरह अपने और पूरे समाज में मौलिक परिवर्तन ले आने में सक्षम होता है। धर्म का अर्थ है—भय का, असुरक्षा की भावना का, भेद-बुद्धि का अंत। धर्म का अर्थ है प्रेम, जिस प्रेम में कोई सीमा नहीं, विशेष की ओर झुकाव नहीं, जो प्रेम एक झरने की तरह सबके लिए, अप्रतिहत बहता रहता है।

उपासना धर्म का एक छोटा अंश है। धर्म की यह महान् देन है कि उसने

मानव-जाति का ध्यान भौतिक जगत् के परे के सत्यों की ओर खींचा, विश्वास पैदा किया और इसके आधार पर सभ्यता और संस्कृति का निर्माण किया। वह जो भौतिक-जगत् के परे व्यापक सत्य है, जिसे ब्रह्म या परमात्मा या खुदा या गॉड आदि विविध नामों से हम पुकारते हैं, उसके प्रति एक अज्ञात आकर्षण का अनुभव मानव जाति करती आई है। यह उपासना का क्षेत्र है जो हमारे ज्ञात जगत् से शुरू होकर ज्ञात के परे चली जाती है। यह सिद्धांत या मत या आग्रह या बौद्धिक समझदारी का क्षेत्र नहीं है कि कोई पंथ या दर्शन या शास्त्र इसकी पद्धति या स्वरूप का निर्धारण कर दे। यह एक नितांत व्यक्तिगत मामला है। प्रेम का यह ऐसा क्षेत्र है, जिसमें व्यक्ति अपने आप पूर्वग्रह, व्यक्तित्वाभिमान को तिलांजलि दे देता है, वह किसी पंथ की, शास्त्र की या पद्धति की आज्ञा नहीं स्वीकार कर पाता। इसलिए मजहबी कट्टरता ने इस प्रकार के उपासकों के साथ अत्यंत क्रूरताजनक व्यवहार किया है। सुकरात को विष का प्याला पीना पड़ा, ईसा को सूली पर चढ़ना पड़ा, मंसूर को मौत का फरमान कुबूल करना पड़ा, मीरा, कबीर, तुलसी, सूर, ज्ञानदेव-सबों को तथाकथित धर्म के ठेकेदारों की प्रताड़णा का सामना करना पड़ा।

किंतु धर्म उपासना के क्षेत्र में सबको खुली छूट देता है कि वह अपने प्रेम के पथ का स्वयं निर्माण करे तथा उसपर अपने विश्वास और आस्था के अनुरूप अपनी प्रेम-गाथा को अंकित कर जाए। मजहबी कट्टरता से लोहा लेकर प्रेम के उपासकों ने धर्म की राह पर अपनी यात्रा जारी रखी। धर्म सच्चे उपासकों से मजबूत होता है, मजहब उसकी चोट नहीं सह पाता और खुद टूटता है, अलबत्ता उसकी कोशिश होती है फकीरों को, साधुओं को तोड़ डालने की।

सत्य इतना बड़ा है कि सभी शब्दों को समा लेता है। सत्य इतना बड़ा है कि सभी शास्त्र उसके साथ संयुक्त हो जाते हैं। एक हो जाते हैं। धर्म सत्य को धारण करता है। वह आकाशवत् है, उसके अंतर्गत सबका—उपासना के हजारों रूपों का, निष्ठा और विश्वास के अनगिनत प्रतीक चिह्नों का, अवकाश है। सब उसमें अपना स्थान पाते हैं। धर्म को इन सबका क्षोभ नहीं होता। जैसे सभी नदियाँ महासागर में आकर मिल जाती हैं, किंतु समुद्र को उसका भार नहीं होता। वह सबको सहज ही अपने उदर में समा लेता है; उसी प्रकार सत्य, प्रेम, करुणा, मैत्री की ओर बढ़ते मनुष्य की सब प्रकार की भाव-दशाएँ और आचरण की अभिव्यक्तियाँ धर्म के वृहत उदर में सहज ही रच-बस जाती हैं।

संप्रदाय खुद एक छोटी चीज है। उसमें विश्वास, उपासना, आचरण, दार्शनिक भित्ति—सबों की एक बनी-बनाई व्यवस्था होती है। एक खास पैगंबर, एक खास पुस्तक, भगवान् का एक खास रूप, विधि-निषेध, उपासना के ढंग, ये सब नियत हैं। आपको इन्हीं सबका अनुसरण करना होगा। आप जरा भी अलग हटे तो आप पर पंथ विरोधी होने का आरोप मढ़ दिया जाएगा और सांप्रदायिक शक्तियाँ आपकी दुश्मन हो जाएँगी। यह सब क्षुद्र मन का लक्षण है।

एक नए विश्व-धर्म की दिशा में हमें बढ़ना है, जहाँ हम मुक्त मनवाले, व्यापक मनवाले बन सकें। जहाँ छोटा कुछ हो ही नहीं, जो हमें सबका बना दे, जो हममें अपने भीतर पूरे विश्व-ब्रह्मांड को और विश्व-ब्रह्मांड के भीतर स्वयं को उपलब्ध करने की महान् प्रेरणा भर दे।

अलग-अलग संप्रदायों ने अपने अलग-अलग भगवान् खड़े कर लिये हैं और जिस प्रकार मनुष्य बँटा है, उसी प्रकार भगवान् का भी बँटवारा कर लिया गया है। किसी का भगवान् सगुण साकार है, किसी का सगुण निराकार, किसी का निर्गुण निराकार। कहीं अवतारवाद है, कहीं पैगंबरवाद, कहीं बुद्धवाद। हर संप्रदाय भगवान् की किसी विशिष्ट धारणा से चिपका हुआ है और दूसरे प्रकार की धारणा रखनेवालों के प्रति तीव्र आक्रोश और घृणा का भाव रखता है।

आज हमें अपने को सभी प्रकार के पूर्वग्रहों से मुक्त कर यह सोचना चाहिए कि क्या भगवान् ऐसा ही होगा, जिसे हिंदू या मुसलिम या ईसाई जगत् ने हमारे सामने स्थापित कर दिया है और हमसे आशा रखता है कि हम उसी के बताए गए मार्ग के अनुसार उसकी उपासना करें। जैसे अलग-अलग संप्रदायों के बोझ से मुक्त होकर एक विश्वधर्म के अंतर्गत पूरी मानव-जाति के एकत्रित होने का समय आ गया है, उसी प्रकार, भगवान् एक है और सबका है, इस सत्य की प्रतिष्ठा अब सुदूर भविष्य की बात नहीं रह गई है। इस एक भगवान् का या तो कोई नाम नहीं है या सारे नाम उसी के हैं। या तो उसका कोई गुण नहीं है या सारे गुण उसी के हैं। या तो उसका कोई रूप नहीं या सारे रूप उसी के हैं। हमारा सीमित मन सीमित धारणा ही कर सकता है, जबकि भगवान् असीमित है। वह हमारे सीमित मन के द्वारा गढ़े गए किसी भी प्रारूप में अट नहीं सकता। हम उसके किसी एक पहलू का साक्षात्कार कर सकते हैं, जबकि वह अनंत है, उसके अनंत पहलू हैं। वह क्या है, जिस क्षण हम इसकी सीमा-रेखा खींच देंगे,

उसी क्षण वह भगवान् नहीं रह जाएगा, वह हमारे अपने हाथ का, अपनी मरजी और रुचि का खिलौना बन जाएगा।

हम जरा इस संभावना पर विचार करें कि वह दिन कितना सौभाग्यशाली होगा जब पूरे विश्व में एक ही भगवत्-शक्ति की प्रतिष्ठा होगी। वह हिंदूनाथ नहीं, मुसलिमनाथ, ईसाईनाथ नहीं, पूरे जगत् का नाथ—जगन्नाथ होगा। इस भगवान् की उपासना साकार और निराकार दोनों रूपों में हो सकेगी। साकार और निराकार के झगड़े का निर्णायक रूप में अंत हो जाना अपरिहार्य हो उठा है। परमहंस रामकृष्ण देव की वाणी उसके लिए पहले ही पथ-प्रदर्शन कर गई है—"जेई साकार सेई निराकार।" न रूप-अरूप का झगड़ा टिकनेवाला है, न अलग-अलग नामों का, न अलग-अलग अवतारों व पैगंबरों का। लोग अपने अनुभव से इस महान् सत्य को समझ लेंगे के हम किसी रूप में क्यों न उपासना करें, ईश्वर की सत्ता अंततः एक है। उनके पुराने संस्कार झड़ जाएँगे और उनके हृदय में भगवान् का वैश्विक स्वरूप उद्भासित हो उठेगा।

आज यह सब एक स्वर्णिम कल्पना ही प्रतीत होगी। किंतु विश्व के सुधी नागरिकों को यह गंभीरतापूर्वक सोचना होगा कि हम आज की तरह फिरकों में बँटे रहेंगे और आपस में लड़-भिड़कर सर्वनाश के ग्रास बन जाएँगे या हम एक मानव बनकर एकता और सौहार्द की प्रतिष्ठा कर इस पृथ्वी को सचमुच रहने लायक जगह बनाएँगे। विश्व-धर्म की स्थापना और सबके लिए एक भगवान् की अवधारणा-विश्व की एकता और मानवता की रक्षा का अवलंब बनकर उपस्थित होनेवाले हैं।

इस विश्व की एकता को तोड़नेवाले प्रमुख दो घटक हैं। एक, धार्मिक संप्रदाय और दो, राष्ट्रीयता। संप्रदाय के आधार पर तो फिर भी कम टुकड़े हैं, किंतु राष्ट्रीयता ने तो विश्व को सैंकड़ों टुकड़ों में तोड़कर रख दिया है। और ये सब राष्ट्रीयताएँ एक-दूसरे से होड़ कर रही हैं, एक-दूसरे को पछाड़कर विश्व में अपना प्रभुत्व कायम कर लेने के लिए शक्ति संचय कर रही हैं और जोड़-तोड़ की कूटनीति में व्यस्त हैं।

आज विश्व का रंगमंच बुरी तरह अस्थिर और उद्वेलित है। यह विश्व दो-दो महायुद्ध झेल चुका है। परमाणु-बम की ध्वंस-लीला का गवाह बन चुका है।

तीसरे महायुद्ध के बादल मँडरा रहे हैं। राष्ट्रों के बीच कलह-द्वेष अपने ऊफान पर हैं। हर देश अपने लिए शक्ति का संचय कर रहा है और शक्ति का स्रोत सभी विनाशक हथियारों की ध्वंस-लीला में ही देखते हैं। हर देश पड़ोसी देश पर अपनी धौंस जमाए रखने के लिए परमाणु-शक्ति-संपन्न राष्ट्र बनने की होड़ में लगा है। भारत-पाकिस्तान जैसे गरीब देश अपने बजट का बड़ा हिस्सा सैनिक तैयारियों में खर्च कर देते हैं, जबकि इन देशों में कुपोषण, अशिक्षा और स्वास्थ्य-सुविधाओं का घोर अभाव है।

राष्ट्रीय सरकारों ने विश्व को युद्ध क्षेत्र का रूप दे दिया है। एक देश, दूसरे देश के खिलाफ अपने हथियार भाँज रहा है और राष्ट्रीयता का उबाल पैदा कर अपने देश की जनता की रगों में प्रतिपक्षी देश के प्रति जघन्यतम भावनाओं का जहर भर रहा है। यह आश्चर्य की बात है कि ज्ञान-विज्ञान के क्षेत्र में जब इतनी प्रगति कर ली गई है, सभ्यता, संस्कृति, शांति, सौहार्द, मैत्री आदि, आदर्श भावनाओं का गुणगान हो रहा है, पूरी दुनिया कैसे युद्धोन्माद में जी रही है, हथियारों का जखीरा खड़ा कर अपने अभिमान की तृप्ति कर रही है।

आज का विश्व दो भागों में बँट गया है। विश्व के अधिकांश देश निर्धन हैं। वहाँ की जनता जीवन की आवश्यक आवश्यकताओं से भी महरूम है। भूख और कुपोषण की समस्याओं से ये देश जूझ रहे हैं। स्वास्थ्य-सेवाओं का घोर अभाव है। बड़ी आबादी शिक्षित क्या, साक्षर भी नहीं है। लोग नारकीय परिस्थितियों में जीवन-यापन कर रहे हैं। दूसरी ओर कुछ देश हैं जो समृद्ध हैं। वे दुनिया भर के संसाधनों के अधिकांश हिस्से का अपने सुख के लिए इस्तेमाल करते हैं। यहाँ के निवासियों का जीवन-स्तर आवश्यकता और उपभोग को पार कर विशुद्ध भोग में स्थित हो चुका है।

ये जो विकसित देश हैं, इनमें समृद्धि यूँ ही नहीं चली आई। ये व्यापारी देश हैं। बड़े पैमाने पर व्यापार करना और मुनाफा कमाना, इनकी आय का जरिया रहे हैं। निर्धन देश इनके बाजार हैं। ये वहाँ से कच्चा माल प्राप्त करेंगे। अपने यहाँ के विशाल उद्योगों में खपत योग्य वस्तुओं का उत्पादन करेंगे और फिर भारी मुनाफा कमाकर, उन्हीं निर्धन देशों में बेच आएँगे। विश्व के पिछड़े देश इनका बाजार हैं और बाजार के कब्जे को लेकर अमीर देशों के विभिन्न गुटों के बीच तनातनी और युद्ध की स्थिति पैदा होती ही रहती है।

ये व्यापारी देश भी क्रूर होकर अपने व्यापार की प्रगति के लिए सबकुछ करने पर आमादा हैं। ये बड़े पैमाने पर विनाश करनेवाले हथियार बनाकर बेचेंगे, हर प्रकार की सैन्य सामग्री बनाकर बेचेंगे और इस प्रकार दुनिया पर युद्ध और संघर्ष को थोपते रहेंगे। उन्हें मुनाफा चाहिए। अपने देश की समृद्धि चाहिए। वे अन्य देश को विपत्ति के गर्त में धकेलकर भी अपने लिए भोग के उपकरण जुटाने में संकोच नहीं करेंगे।

राष्ट्रीय सरकारों का सबसे बड़ा दोष यह है कि वे केवल अपने स्वार्थ की ओर दृष्टि रखती हैं। समृद्ध देशों की समृद्धि, निर्धन देशों के बाजार पर टिकी है। पिछड़े देशों के शोषण के बलबूते विकसित देश अपने लिए सभी प्रकार के सुख बटोरने में कामयाब हो सके हैं। इनका विश्व-शांति और विश्व-कल्याण के नाम पर आँसू बहाना विशुद्ध नाटक है। इन्हें विश्व में शांति और स्थिरता इसलिए चाहिए कि इनके व्यापार अबाधित रूप में प्रगति कर सकें।

ऐसे स्वार्थी राष्ट्रीय सरकारों के रहते विश्व में समता और सद्भावना का विकास संभव नहीं है। जहाँ अपने मुल्क को छोड़कर अन्य मुल्क गैर हैं और उनसे लाभ उठाना ही सरकारों का उद्देश्य हो, वहाँ पूरे विश्व की जनता की आवश्यकताओं की पूर्ति के लिए सच्चे प्रयत्न हो ही नहीं सकते। जहाँ पड़ोसी राष्ट्र अपनी सीमा की सुरक्षा के लिए सैन्य-सुरक्षा प्रबंध पर बेहिसाब धन व्यय करने के लिए बाध्य हो, वहाँ एक-दूसरे की हित-चिंता की बात करना कोरा गप्प है।

इसलिए इन राष्ट्रीय सरकारों का पतन आवश्यक है और अवश्यंभावी है। जैसे सभी धार्मिक संप्रदायों का अंत कर एक विश्व-धर्म की अवधारणा युग की माँग बन गई है, उसी प्रकार राष्ट्रीय संप्रभु सरकारों का अंत और विश्व-राज्य की स्थापना, नए विश्व के निर्माण के लिए अनिवार्य साधन बन चुके हैं। पूरा विश्व एक राष्ट्र है और पूरी मानव जाति, विश्व नागरिक। इस व्यापक भावना के आधार पर ही पूरे विश्व का कल्याण सही मायने में सोचा जा सकता है। अन्यथा अपना-अपना देश, अपनी-अपनी जनता। और प्रतियोगिता एवं प्रतिस्पर्धा की हवा चल रही है तो दूसरे की गरदन दबा, दूसरे की रोटी छीनकर अपने सुख के साधन जुटाना राष्ट्रीय सरकारों की प्रधान नीति रहनेवाली है।

राष्ट्रीय सरकार और राष्ट्रीय भावना आज विश्व को विनाश के कगार पर ला

चुके हैं। व्यापक स्तर पर तबाही मचा देनेवाले विनाशकारी अस्त्रों से आज विश्व का कोना-कोना भर चुका है। राष्ट्रीयता का अहंकार सर चढ़कर बोल रहा है। हर प्रकार की शक्ति अलग-अलग खेमों में इकट्ठी की जा चुकी है। विश्व का वातावरण उत्तप्त हो उठा है। आज अगर इस विश्व को बचाना है तो हम भारतीय हैं, चीनी हैं, अमेरिकी या जापानी हैं, की भावना खत्म कर ''पुत्रोऽहं पथिव्या:''—हम पृथ्वी के संतान हैं, का भाव जगाना होगा और उसके अनुरूप वस्तु-स्थितियों का निर्माण करना होगा। इसके लिए मौजूदा राष्ट्रीय स्वरूप का उच्छेदन कर देना होगा। विश्व-राज्य के अंतर्गत सारी दुनिया को दो हजार या उससे भी अधिक छोटे-छोटे गणतंत्रों में बाँट देने की आवश्यकता है जिससे अत्यंत छोटे राज्यों की स्थापना हो सकेगी। इन राज्यों में लगभग दस-दस हजार की आबादी वाले प्रखंड होंगे। प्रत्येक प्रखंड सामूहिक प्रजातंत्र के रूप में काम कर सकेगा। प्रत्येक गणतंत्र में इस प्रकार के दस-पंद्रह प्रखंड हो सकेंगे। कई गणतंत्र आपस में मिलकर अपना संघ भी बना सकेंगे। किंतु उन्हें राष्ट्रीय प्रभुसत्ता की भावना को कदापि पुनर्जीवित नहीं करने दिया जाएगा। संक्षेप में, चौखंबा राज्य का ढाँचा इस प्रकार रहेगा: 1. बुनियादी प्रखंड इकाई अर्थात् सामूहिक प्रजातंत्र। 2. गणतंत्र, जिसका प्रशासन जनता द्वारा चुने गए प्रतिनिधि चलाएँगे। 3. संघ-प्रशासन, जिसका संचालन गणतंत्रों के प्रतिनिधि करेंगे और 4. सबके ऊपर विश्व-राज्य होगा।

मानव-चेतना में आज विश्व एक भौगोलिक चित्र मात्र रह गया है। समुद्र, भूखंड, नदियाँ, भिन्न-भिन्न देश, संप्रदाय, जाति के रूप में हम विश्व को देखते-पहचानते हैं। परंतु इनके साथ, सामूहिक रूप में मानव अंतर का कोई प्रगाढ़ संबंध नहीं रह गया है। बल्कि इसके विपरीत संबंधों का अभाव ही नहीं, संप्रदाय, संस्कृति, राष्ट्रीयता, भाषा आदि के स्तर पर एक-दूसरे के लिए द्वेष-भाव मानव हृदय में भरा पड़ा है।

आज शायद ही कोई मनुष्य इस संसार में मनुष्य के भाव में बचा है। मानव के ऊपर हमने हिंदू, मुसलमान, ईसाई, बौद्ध या हिंदुस्तानी, पाकिस्तानी, अंग्रेजी, रूसी या गोरा, काला आदि के दर्जनों लबादे चढ़ा दिए हैं। धार्मिक सांप्रदायिकता, राष्ट्रीयता, विभिन्न विचारधाराओं तथा वादों के लबादे के बोझ के नीचे मानवता का पता ही नहीं चलता। इस भीषण विभीषिका को देखकर और समझकर भी आज न किसी की भावना है और न साहस ही है कि वह इन लबादों को फेंक मानव या इनसान

की तरह अपने को प्रकट करे।

इन उन्मत्त जड़ीभूत विचारधाराओं के विरुद्ध, दिन के समय पेरिस की सड़कों पर लालटेन लेकर भगवान् को खोजनेवाले नीत्से की तरह ही, कोई यह कहने का साहस कर सकता है कि राष्ट्रीयता और धार्मिक संप्रदायवाद जहर है? आज जिसके पास ऐसा कहने का साहस है वही सच्चा क्रांतिकारी है।

विश्व के मुक्तिकामी जनों को आज स्वाधीनता की भावना के एक नए स्तर का परिचय विश्व को देना होगा। एक समय औपनिवेशिक गुलामी से मुक्त होना स्वाधीनता की पुकार बनी थी। आज बाजारवादी शक्तियाँ जिस प्रकार अपनी महाजनी पूँजी की गिरफ्त में विश्व के अनेक विकासशील देशों को ले रही हैं, उसके जाल से अपने को बचाए रखना भी स्वाधीनता की रक्षा की कोशिशों का अनिवार्य हिस्सा है। किंतु आज स्वाधीनता का सबसे ठोस संदर्भ धार्मिक संप्रदाय और राष्ट्रीय भावनाओं के साथ जुड़ गया है। मनुष्य का मानस मुक्त होगा तभी वह बाहर भी एक मुक्त समाज की रचना कर सकेगा। और मानसिक मुक्ति का अर्थ है, खुद को घेरनेवाली, सीमित करनेवाली, अलगाव और विभाजन में डालनेवाली हर प्रकार के बंधनों से स्वयं को एकबारगी मुक्त कर लेना।

विनोबाजी ने कहा था, ''हम किसी भी देश-विशेष के अभिमानी नहीं। किसी भी धर्म-विशेष के आग्रही नहीं। किसी भी संप्रदाय या जाति-विशेष में बद्ध नहीं। विश्व में उपलब्ध सद्विचारों के उद्यान में विहार करना, यह हमारा स्वाध्याय। सद्विचारों को आत्मसात् करना, यह हमारा धर्म। विविध विशेषताओं में सामंजस्य प्रस्थापित करना, विश्व-वृत्ति का विकास करना, यह हमारी वैचारिक साधना।''

इस प्रकार विश्व-वृत्ति का विकास यदि हम अपने भीतर कर पाए तो हम स्वाधीनता के एक नए स्तर का स्वाद चख सकेंगे और विश्व में तदनुकूल व्यवस्था को जन्म देने में सफल हो सकेंगे।

विज्ञान ने एक अभूतपूर्व कार्य किया है कि उसने पूरे विश्व को जैसे हमारी अपनी फैली हुई हथेली पर लाकर रख दिया है। आज हमें पूरे विश्व का विस्तृत मानचित्र ज्ञात है—कौन सा देश कहाँ है, हर भूखंड की जलवायु, भौगोलिक स्थिति, वनस्पतियाँ और पशु-पक्षी, सब हमें अच्छी तरह ज्ञात हैं। हर जगह की भाषा, वेष-

भूषा, रहन–सहन, त्योहार और उत्सव, धर्म संबंधी जिज्ञासाएँ, जीवन–स्तर, मनोरंजन के ढंग, कला और साहित्य—ये सब हमारे देखे–समझे, जाने की हद तक हमें ज्ञात हैं। दूरदर्शन, कंप्यूटर, नेटवर्क और सेल–फोन की इस दुनिया में हमारे लिए विश्व का कोई कोना अछूता नहीं रहा। आज कोई विचार हो या फैशन एक जगह शुरू होकर पूरे विश्व में फैल जाता है।

इस सबके बावजूद यदि हम अपनी दिलचस्पियों के क्षेत्र पर ध्यान दें तो पाएँगे कि वह कितना सीमित और संकीर्ण है? हम टी.वी. पर क्या सब देखते हैं? कंप्यूटर पर इंटरनेट की मदद से क्या जानकारियाँ लेते हैं? समाचार-पत्रों और पत्रिकाओं में किस प्रकार के शीर्षक हमारा ध्यान खींचते हैं? हम गौर करें तो पाएँगे कि उनका अत्यंत सीमित दायरा है। इनके माध्यम से हमें विश्व का संपूर्णता में परिचय मिलता नहीं, उसके किसी खास हिस्से, किसी खास रूप में ही हम संलिप्त रह जाते हैं।

क्या पूरे विश्व के लिए यह भान हममें जगता है कि यह हमारा विश्व है। हमारा विश्व आज भूख और कुपोषण का शिकार है। हमारा विश्व विनाश के कगार पर खड़ा है। हमारे विश्व की बड़ी आबादी आज भी निरक्षर है। झुग्गी–झोंपड़ियों में रहनेवालों की जीवन–दशाएँ क्या हमारी आँखों के आगे उभरती हैं? जैसे हम अपने परिवार की चिंता करते हैं, उसी प्रकार अपने इस विश्व के लिए हमारे दिल में चिंता पैदा होती है? इस प्रकार की विश्व–वृत्ति का विकास तब तक हममें नहीं होगा जब तक हमारे भीतर 'विश्व–मानुष' हो सकने की ललक पैदा नहीं होगी। राष्ट्रीयताएँ, संप्रदाय, नस्ल आदि इस मार्ग में बड़े बाधक हैं।

□

7

विश्व-संस्कृति
समता, स्वतंत्रता और मानव-प्रेम

विश्व-धर्म और विश्व-राज्य के साथ-साथ विश्व संस्कृति का भी प्रश्न महत्त्वपूर्ण है। सांस्कृतिक एकता की बुनियाद पर सच्ची विश्व-वृत्ति के विकास में हम सफल हो सकेंगे। सांस्कृतिक एकता से तात्पर्य मानव-जीवन के आधारभूत मूल्य-बोध की एकता से है। ये हमें जोड़नेवाली अटूट कड़ी का काम देंगे। अब तक हम पूर्व की संस्कृति, पश्चिम की संस्कृति आदि भाग करके विश्व की संस्कृतियों को चिह्नित करते आए हैं। इनके बीच जीवन-मूल्यों में कुछ आधारभूत फर्क परिलक्षित होते भी हैं। आज तो संस्कृतियों के संघर्ष की बात कही जा रही है। इससे अधिक संस्कृति शब्द का अवमूल्यन क्या हो सकता था? युद्ध, संघर्ष, हिंसा—ये सब बर्बर मनुष्य की वृत्तियाँ हैं। संस्कृति का विकास ही इस तथ्य का सूचक है कि मनुष्य अपनी बर्बर अवस्था को पार कर सभ्य, सुसंस्कृत हो रहा है। और इसी संस्कृति के आधार पर यदि संघर्ष की स्थिति पैदा हो जाए, तो हमें जरा गंभीरतापूर्वक विचार करना चाहिए कि हम जिस संस्कृति का इतना ढोल पीटा करते हैं, वह वस्तुतः संस्कृति है भी? संघर्ष और दमन, प्रभुता और शक्ति-प्रदर्शन कभी भी संस्कृति का हिस्सा नहीं हो सकते।

इसलिए विश्व-संस्कृति के विकास का अर्थ है—सच्ची मनुष्यता का विकास। जीवन का अर्थ है संबंध। हम अपने चारों ओर की प्रकृति से, वनस्पति और पशु जगत् से और अपने जैसी मानव-इकाइयों से संबंधित हैं। इसलिए हमारे व्यवहार का, आचरण तथा व्यवहार और आचरण के पीछे कार्य करनेवाली आंतरिक प्रेरणाओं का मूल्य होता है। इन्हीं पर हमारे परस्पर के संबंध निर्भर करते हैं और हमारे कुल जीवन का स्वरूप तय होता है। संस्कृति का संबंध मूलतः हमारी इन आंतरिक प्रेरणाओं और आचरणों से ही है।

विश्व-संस्कृति के मौलिक आधार क्या हो सकते हैं? इतना तो स्पष्ट है कि शृंखला में विश्व-संस्कृति को बाँधा नहीं जा सकता। संस्कृति तो हमारी पूरी जीवन-दृष्टि को प्रभावित करनेवाली प्रेरणाओं का नाम है। मोटे तौर पर, विश्व-संस्कृति के निम्नलिखित मौलिक आधार बन सकते हैं—1. समता, 2. स्वतंत्रता, 3. मानव-प्रेम के आधार पर सहजीवन तथा 4. अध्यात्म।

समता तो मानव-समाज की मूल प्रेरणा बननी चाहिए। हम सभी मानव हैं। हम सबों के भीतर एक ही परमात्मा का वास है। हम सबों की जीवन संबंधी एक सी जरूरतें हैं। हम सब सुख-दुःख की भावना का अनुभव करते हैं। इसलिए एक ऐसा विश्व बनाना है जिसमें मनुष्य-मनुष्य के बीच किसी भी प्रकार का भेद-भाव न बरता जाए। नस्ल, जाति, सामाजिक हैसियत इत्यादि के आधार पर आज घोर विषमता के दर्शन होते हैं। एक तो हमारे मानस में जो भेद-बुद्धि भरी पड़ी है जिसके आधार पर हम मनुष्य-मनुष्य में भेद करते हैं, उसका पूर्ण रूप में अंत कर देना होगा, दूसरे जीवन-स्थितियों में जो आज एक और अनंत का फर्क है, उसे भी मिटा देना होगा। जीवन में सादगी हो और सामान्य जीवन-स्तर हो। चाहे कोई व्यक्ति कितने ही महत्त्वपूर्ण पद पर हो अथवा व्यवसायी-उद्योगपति हो, जीवन-स्तर में अधिक भेद के लिए गुंजाइश नहीं हो सकती। जीवन की आवश्यकताएँ ही जीवन का स्तर तय कर सकती हैं, न कि सामाजिक हैसियत, धन आदि।

विनोबाजी ने कहा था, ''ईमानदारी से, शक्ति के अनुरूप की गई सब तरह की सेवाओं का नैतिक, सामाजिक और आर्थिक मूल्य समान माना जाए।'' समतामूलक समाज का निर्माण तो संस्कृति का आधार है। जहाँ समता नहीं, वहाँ सही अर्थों में समाज ही नहीं है।

स्वतंत्रता के बिना मनुष्य अपनी महत्ता से दूर ही रहता है। मनुष्य में चेतना का उच्चतम् विकास हुआ है। वह विचारवान प्राणी है। उसमें प्रेम और सौंदर्य संबंधी अवबोध का उदात्त स्वरूप प्रकट हुआ है। इसलिए वह सहज ही स्वतंत्रता का पात्र है। अपने मननशील स्वभाव के कारण वह मंगल का आश्रय ग्रहण करने और अमंगल का त्याग करने में सक्षम होता है। इसलिए उसे यदि स्वतंत्रता नहीं मिली तो मनुष्य रूप में प्राप्त उसकी विशेषताओं का कोई मूल्य नहीं रह जाएगा।

शासन का अधिकारी वही है जिसमें स्व-विवेक की शक्ति का अभाव हो। जिसके पास विचार करने की शक्ति का अभाव है, जो अच्छे-बुरे या सही-गलत

का निर्णय करने में अयोग्य है, वहाँ शासन के रूप में या अन्य प्रकार की नियामक शक्ति के रूप में आदेश-पालन की व्यवस्था खड़ी होती है। वस्तुतः यह एक आदर्श मानवीय समाज का स्वरूप नहीं हो सकता। मनुष्य शासन से निर्देशित नहीं होता, अनुशासन से प्रेरित होता है। उसकी आचार-संहिता किसी कानून की पुस्तक से निकलकर उस तक नहीं पहुँचती, उसकी अपनी संवेदना और विचारशीलता से, उसके अपने अंतर से निकलकर, उस तक पहुँचती है। इसलिए उसमें कोई व्यवधान नहीं होता, कोई मध्यस्थ भी नहीं होता। उसका आचरण उसकी आत्माभिव्यक्ति मात्र है, किसी 'पीनल-कोड' की चाबुक से निकली भय की सिहरन नहीं।

इसलिए स्वतंत्रता का मानव-जीवन में बुनियादी मूल्य है। दूसरी ओर, यदि हमारे द्वारा इस स्वतंत्रता का दुरुपयोग होता है अथवा हम स्वतंत्र रूप में निर्णय करने की, वरण् और त्याग करने की क्षमता का परिचय नहीं देते, तो यह इस बात का साक्ष्य होगा कि मनुष्य के रूप में हमारा विकास अभी अधूरा है। ऐसा समाज सहज ही अपने लिए शासन का ढाँचा अपने ही हाथों गढ़कर तैयार कर लेता है।

आज राज्य और व्यक्ति की शक्तियों में जितना अंतर है, उसमें व्यक्ति की स्वतंत्रता अक्षुण्ण रहनेवाली नहीं है। आज का व्यक्ति राज्य के हाथ में मात्र कठपुतली जैसा है। साम्यवादी देशों में राज्य की सैन्य-शक्ति के सामने व्यक्ति धूलिकण के समान है। वहाँ के सामान्य जन डर और आतंक के वातावरण में जीते हैं। पूँजीवादी दुनिया में भी स्वतंत्रता मात्र एक अवसरवादी नारा बनकर रह गया है। वहाँ पूँजीवादी हितों के आगे अन्य सभी हितों की बलि दे दी जाती है और जनता मात्र विरोध-प्रदर्शन कर लेने की संतुष्टि पालकर रह जाती है।

इसलिए संगठित जन-समूह की प्रतिरोध करने की क्षमता और उन्हें कुचल देने की राज्य-शक्ति के बीच 20 गुने से अधिक का अंतर नहीं रहना चाहिए। तात्पर्य यह कि लोग अहिंसक सत्याग्रह या असहयोग के द्वारा राज्य को अपना मत मानने के लिए बाध्य कर सकेंगे। इस प्रकार से जनता के हाथों में शक्ति देने पर जनता का नैतिक उत्तरदायित्व होगा कि वह अपने को सामाजिक नियमों और नैतिक मूल्यों द्वारा अनुशासित रखें।

इसलिए व्यक्ति के अधिकारों को कुचलने की राज्य-शक्ति को परिसीमित करना पड़ेगा। विश्व-राज्य के अंतर्गत दुनिया को करीब दो हजार या अधिक गणतंत्रों में बाँट देना होगा, जिनका आकार मौजूदा राष्ट्रों की तुलना में काफी छोटा

होगा। सैन्य-संगठन की आवश्यकता नहीं रहेगी, यंत्र-सज्जित पुलिस-बल से ही काम चलेगा। इस प्रकार के छोटे-छोटे प्रजातांत्रिक गणतंत्रों में राज्य की ताकत सीमित ही रहेगी और जनाकांक्षा प्रभावी रूप में व्यक्त हो सकेगी।

स्वतंत्रता स्वयं में एक पूर्ण मूल्य है। पूर्ण स्वतंत्रता एक उच्च आध्यात्मिक विचार है। विचार-स्वातंत्र्य, अभिव्यक्ति की स्वतंत्रता, विश्वास को वरण् करने की स्वतंत्रता—इन सबका मूल्य है। इनमें हमारी मानवीय गरिमा निहित है। किंतु हमें यह ध्यान रखना होगा कि स्वतंत्रता का अर्थ मात्र राज्य की सत्ता के संदर्भ में नहीं आँका जाना चाहिए। अर्थात् राज्य की वैधानिक शक्ति के अंतर्गत प्राप्त या न प्राप्त होनेवाले अधिकारों तक स्वतंत्रता का विचार सीमित नहीं है। समाज कहीं अधिक गहरे रूप में मनुष्य की स्वतंत्रता को प्रभावित करनेवाली संस्था का रूप लेता है। हम वैधानिक रूप में स्वतंत्र होकर भी बहुत कुछ नहीं कर पाते हैं, क्योंकि हमें समाज का भय होता है। समाज क्या कहेगा का एक भय हर वक्त हमारे सिर पर सवार रहता है। सामाजिक भय के आधार पर आचारों का अनुपालन करना एक स्वतंत्र मानस की निशानी नहीं हो सकती। प्रज्ञापूर्वक विद्रोह करने की तत्परता एक सजग-सावधान चित्त का लक्षण है।

किंतु इससे भी आगे हमें अपने अंतर की वासनाओं से, वासनाजन्य आसक्तियों से मुक्त होना है। अधिकारी वर्ग से ही नहीं, सामाजिक मान्यताओं से ही नहीं अपने पूर्वग्रहों, धारणाओं से, लोगों की नजर में मान्य होने या प्रतिष्ठा अर्जित करने की मनोवृत्ति से मुक्त होना है। पूर्ण स्वतंत्रता का अर्थ है पूर्ण निरावलंब, जहाँ मन के अटकने की कोई जगह न रह गई हो। स्वतंत्रता की यह अवस्था है, जहाँ वह एक परिपूर्ण आध्यात्मिकता का वरण् कर लेती है।

आगामी विश्व-संस्कृति के अंतर्गत स्वतंत्रता सभी स्तरों पर मानव-अस्तित्व का अभिन्न हिस्सा बनकर प्रकट होने वाली प्रेरक शक्ति का रूप लेगी।

समता और स्वतंत्रता पर आधारित समाज ही शोषणमुक्त समाज हो सकता है। सामाजिक विषमता शोषण के लिए उत्तरदायी है, जिस समाज में प्रभुतासंपन्न वर्ग की विभिन्न श्रेणियाँ कायम हो जाती हैं, उसमें शोषण का भी एक क्रम तैयार हो जाता है जिसमें हर श्रेणी अपने अधीनस्थ का शोषण करती है और अंततः अंतिम

मार पड़ती है उस सामान्य जन पर जो हर प्रकार से प्रभुताहीन और निरुपाय है। भेदमूलक समाज में स्वतंत्रता भी निष्प्रभावी बनकर रह जाती है। जिस जनता को जीवन जीने के साधन की प्राप्ति के लिए किसी की अधीनता स्वीकार करने की बाध्यता हो, उसके लिए स्वतंत्रता का कोई अर्थ नहीं रह जाता। कहने के लिए आज हम आजाद हैं और जनतांत्रिक अधिकारों से संपन्न हैं। किंतु सामाजिक विषमता का जो भयावह स्वरूप दिखाई देता है उसमें एक आम आदमी के लिए, जो गरीब है और प्रभुताहीन है, न तो शिक्षा के सामान्य अवसर प्राप्त हैं, न सेवा-क्षेत्र में प्रवेश करने के। उच्च-स्तर के शिक्षण-संस्थानों की फीस एवं उसकी प्रवेश-परीक्षाओं में सफलता प्राप्त करने के लिए 'कोचिंग-क्लासेस' में जितने धन की आवश्यकता है, उसमें आम आदमी का सफल होना संदिग्ध ही बना रहेगा।

इसलिए समता, स्वतंत्रता और शोषणमुक्ति—ये परस्पर घनिष्ठ रूप में संबद्ध हैं। जहाँ ये तीनों अपनी सिद्धि करते हैं, वहीं इनके होने की सार्थकता भी है, अन्यथा इनमें एक की भी अनुपस्थिति शेष दो की उपस्थिति को संदिग्ध बना देगी।

~ ❀ ❀ ~

समाजिकता का आधार है—मानव-प्रेम के आधार पर सहजीवन। मानव को मानव का संग चाहिए। प्रीती मनुष्य की मौलिक वुभुक्षा है। प्यार पाना और प्यार करना, मनुष्य की प्रबलतम् चाह है। इस प्रेम के आधार पर परस्पर का सहयोग खड़ा होता है। प्यार हमें निकट लाता है और जब हम निकट आते हैं तो अपने स्नेह की दुनिया रचने में हम सहज ही मिलजुल कर रचनाशील होते हैं। यह प्रेम ही आज कुंठित हुआ है। यह प्रेम मानव-प्रेम नहीं, कुटुंब का प्रेम रह गया है। अपने परिवार के लिए, बीवी और बाल-बच्चों के लिए आज का आदमी क्या नहीं करता? वह त्याग की प्रतिमूर्ति बना दिखाई देता है। किंतु परिवार से बाहर की जो दुनिया है, उसके प्रति उसका व्यवहार देखिए। कहीं से कुछ भी लूट-खसोट लेने को वह आतुर है। और आज इस स्वार्थ को इस भीषण मोहांधता को प्रेम कहा जाता है। और इसलिए यह पूरी सभ्यता आज विनाश के कगार पर आ पहुँची है। वह प्रत्येक सभ्यता जिसका आधार स्वार्थ और भोग हो, नष्ट हो जाने के लिए अभिशप्त है।

इसलिए जिस नई विश्व-व्यवस्था की चर्चा हम कर रहे हैं, उसमें मानव-प्रेम का बुनियादी स्थान होगा। स्त्री का प्रेम नहीं, बेटे-बेटी का प्रेम नहीं, मनुष्य-मनुष्य का प्रेम। मनुष्य मात्र के प्रति सच्चा अपनत्व, सच्चा लगाव पैदा होने की जरूरत है। हम सहज ही यह अनुभव कर सकें कि यह भी मेरे ही जैसा एक इनसान है। इसकी

भी मेरी जैसी ही जरूरतें है। इसके माता-पिता हैं, पत्नी है या पति हैं, बाल-बच्चे हैं। इसे भी वह सब अच्छा लगता है, जो मुझे अच्छा लगता है, वह बुरा लगता है जो मुझे बुरा लगता है। इस संवेदना के साथ एक सहज आत्मीयता का उदय नई विश्व-संस्कृति का मौलिक आधार बनेगा। मनुष्य को मनुष्य का साथ अप्रीतिकर हो जाए तो किसी भी प्रकार की स्वस्थ समाज-व्यवस्था टिकी नहीं रह सकती।

जंगली रास्ते पर साधु महाशय चले जा रहे हैं। रात्रि का अंधकार फैल चुका है। आकाश बादलों से पट् गया है। रह-रह बिजली चमकती है। देखते-ही-देखते तेज छींटे पड़ने लगे। साधु महाशय की खोजती निगाहें इधर-उधर उठने लगीं। कुछ दूरी पर उन्हें हलके प्रकाश का आभास मिला। उनकी डग तेज हो गई।

यह एक छोटी सी एकांत झोंपड़ी थी। काठ का पट भिड़ा था। साधु महाशय ने आगे बढ़कर उसे थपथपाया। कपाट जल्द ही खुला। अंदर से भी एक साधु मुखाकृति प्रकट हुई। "आइए महाशय! अंदर आ जाइए," उनका स्निग्ध स्वर सुनाई दिया। साधु महाशय अंदर प्रविष्ट हुए। एक आदमी के लेटने भर की जगह। "जहाँ एक व्यक्ति लेट सकता है, वहाँ दो व्यक्ति बैठ तो सकते ही हैं, आइए।" दोनों साधु भूमि पर बिछी चटाई पर बैठ गए। बाहर वर्षा का स्वर तेज होता जा रहा था।

किवाड़ पर फिर दस्तक पड़ी। साधु पुरुष शीघ्रतापूर्वक उठ खड़े हुए। किवाड़ खोला। "आइए महाशय, जहाँ दो व्यक्ति बैठ सकते हैं, वहाँ तीन खड़े तो हो ही सकते हैं, आइए।" वही स्निग्ध स्वर, वही मधुर मुसकान; नवागंतुक साधु भीतर प्रविष्ट हुए। तीनों साधु-पुरुष उस छोटी सी कुटिया में पास-पास सिमटकर खड़े हो गए।

कुटिया में जलती दीये की लौ जैसे फैलकर विराट्-आकार हो गई। कुटिया दिव्य प्रकाश से भर गई।

प्रेम से बढ़कर साधुता नहीं और दूसरे की प्रसन्नता के लिए अपने सुखों के त्याग से बढ़कर प्रेम नहीं।

विश्व-संस्कृति के आधार पर एक नई सभ्यता आकार लेगी जिसके अंतर्गत नई शिक्षा-पद्धति, नया वैज्ञानिक दृष्टिकोण, नई-औद्योगिक नीति, नई समाज-व्यवस्था और नवीन राजनीतिक संगठन का रूप खड़ा होगा। पिछले दो सौ वर्षों में

स्वतंत्र प्रजातांत्रिक समाजवाद या साम्यवाद या तानाशाही के नाम पर आदर्श समाज व्यवस्था गढ़ने के जो भी प्रयास हुए वे सब-के-सब स्वार्थनिष्ठ व्यक्तिवाद की शिला पर टकराकर चकनाचूर हो गए। अत: भावी नवयुग का तकाजा है कि नए मनुष्य और नई समाज-व्यवस्था का साथ-साथ निर्माण हो।

नई सभ्यता का एक महत्त्वपूर्ण मुद्दा होगा उत्पादन के स्वरूप का। क्या उत्पादन के क्षेत्र में हम घोर केंद्रीकृत व्यवस्था और विशाल मशीनों पर ही आश्रित रहेंगे? क्या सामान्य मनुष्य इन दानवकाय कारखानों को परिचालित कर सकता है? क्या उत्पादन में ऐसे केंद्रीकृत साधनों के रहते मानवता को सच्चे धर्म और आध्यात्मिक मूल्यों को ग्रहण करने का अवसर मिलेगा अथवा उत्प्रेरणा प्राप्त होगी? क्या केंद्रीकृत औद्योगिक-उत्पादन-व्यवस्था और संकेंद्रित राज्य-सत्ता के मुकाबले मनुष्य की स्वतंत्रता बचेगी अथवा पुष्पित-पल्लवित हो सकेगी?

अथवा क्या हम लोग बैलगाड़ी, ऊँट या घोड़े पर आश्रित व्यवस्था की ओर लौट चलें? परंतु उत्पादन के ऐसे साधनों से क्या सब किसी के जीवन की मौलिक आवश्यकताओं की पूर्ति हो पाएगी? तब फिर क्या हम विकेंद्रित उत्पादन का मध्यम मार्ग ग्रहण करें? यहाँ प्रश्न है, उस दशा में उत्पादन की छोटी-छोटी इकाइयों को किस ऊर्जा से परिचालित करेंगे, ताकि दुनिया के समक्ष सिद्ध हो सके कि 'लघु ही सुंदर है' और जीवन-यापन के आवश्यक साधनों की आपूर्ति करने में समर्थ भी?

हमें ऊर्जा के विविध क्षेत्रों की तलाश और उनके उपयोग की ओर सचेष्ट होना होगा। उत्पादक संगठनों के लिए हम कोयला, जलावन और बिजली के साथ-साथ सौर ऊर्जा, वायु-शक्ति के संसाधनों का भी व्यवहार कर सकेंगे। चूँकि विश्व के संचित ईंधन का भंडार सीमित है, हमें सूर्य-किरण, वायु और जल-शक्तियों पर अधिकाधिक निर्भर रहना पड़ेगा। अत: वैज्ञानिकों को अब से अपनी सारी शक्ति छोटी-छोटी इकाइयोंवाली लघु मशीनों के आविष्कार में लगानी चाहिए। ऐसी मशीनें जिनके द्वारा मनुष्य अपने जीवन की मौलिक आवश्यकताओं, जैसे स्वास्थ्यकर भोजन, उपयुक्त मकान, परिवहन के अच्छे साधन, दवाएँ आदि की आपूर्ति के लिए पर्याप्त आय कमाने में सक्षम हो। ये लघु मशीनें ऐसी हों कि उन्हें सूर्य, जल और वायु से प्राप्त ऊर्जा से, बिजली से, जैविक गैस से परिचालित किया जा सके।

तब एक नए समाज की स्थापना होगी जिसमें समाज के मुट्ठी भर धनी लोग

और राज्य-सत्ता भी आविष्कारों के लाभ को अपने स्वार्थ के लिए हड़प नहीं सकेंगे। वैसे समाज में वैज्ञानिक आविष्कारों का मुट्ठीभर लोगों के जीवन-स्तर को ऊँचा उठाने के लिए अथवा राज्यों की एक-दूसरे का नाश करने की महत्त्वाकांक्षा की पूर्ति के लिए उपयोग करना संभव नहीं रह जाएगा। इस प्रकार सामाजिक संस्कृति के ऊपर 'लघु ही सुंदर है' का ध्वज लहराएगा।

नई सभ्यता के अंतर्गत विज्ञान का क्या स्वरूप होगा, यह एक महत्त्वपूर्ण मुद्दा है। पौराणिक कथा है कि समुद्र मंथन से अमृत के साथ-साथ विष भी प्रकट हुआ। उसी प्रकार, प्रकृति के रहस्यों का परिमंथन करने से एक ओर तो भौतिक प्रगति के एक से एक चमकीले सितारे प्रकट हुए तो दूसरी ओर ऐसे मारक विष भी निकले हैं जिनके कारण इस पृथ्वी पर प्राणिमात्र का जीवन संकटापन्न है। प्रश्न है, जब हमारे वैज्ञानिक अपनी प्रयोगशालाओं में अनुसंधान करते-करते मृत्यु के द्वार पर पहुँच गए तो उन्होंने क्यों नहीं उस दिशा में आगे अनुसंधान करना छोड़ दिया? क्या राज्य एवं सैन्य-तंत्र के अधिकारियों का यह कर्तव्य नहीं था कि वे वैज्ञानिकों को उस दिशा में आगे बढ़ने से रोक देते? किंतु उन्होंने वैसा नहीं किया; क्योंकि उन्हें मानवता से प्रेम नहीं था।

आधुनिक राज्य एक-दूसरे के विनाश की प्रतिस्पर्धा से उन्मत्त हो रहे हैं। इसलिए वे व्यापक स्तर पर संहार करने में सक्षम अस्त्र-शस्त्रों के निर्माण करने के लिए वैज्ञानिकों को प्रोत्साहन दे रहे हैं। दूसरी ओर, अपनी नैतिक दरिद्रता के कारण पैसे के लोभ में ये वैज्ञानिक सत्य की खोज के नाम पर अपने को मुँहमागी कीमत देनेवालों के हाथ बेच रहे हैं।

आज क्षितिज पर परमाणु-युद्ध के बादल मँडरा रहे हैं। इनसे यदि संसार को बचाना है तो सामरिक अनुसंधानशालाओं का पूरा ढाँचा ही तोड़कर गिरा देना होगा। जिस प्रकार हमारी संस्कृति का तकाजा है कि खाने-पीने पर, कामैषणा पर, रुपये-पैसे के लोभ पर, जीवन का भौतिक-स्तर ऊँचा उठाने पर, एक सीमा के बाद हम स्वत:अपने ऊपर रोक लगा दें; उसी प्रकार, जो प्रकृति के सत्यों की खोज में लगे हैं, उन्हें भी स्वत: अपने ऊपर सीमा का प्रतिबंध लगाना चाहिए।

वैज्ञानिकों को समझना होगा कि उनके अनुसंधानों का लक्ष्य उच्चतर सत्य

और आध्यात्मिक मूल्यों को स्थापित करना है, सारे विश्व की पद-दलित एवं दैन्य पीड़ित मानवता की सेवा करनी है। हमें ऐसे वैज्ञानिकों के प्रति अपनी कृतज्ञता प्रकट करनी चाहिए, जिन्होंने पदार्थ और ऊर्जा की मौलिक एकता को ठोस आधार पर प्रतिष्ठित किया है और जैविक (Organic) तथा अजैविक (Inorganic) पदार्थों जैसे स्पष्टतः परस्पर असदृश पदार्थों का एकीकरण सदा के लिए सिद्ध कर दिया है।

अपनी प्रयोगशालाओं में इन वैज्ञानिकों ने ई.एस.पी. और पी.एस.आई. अर्थात् परामनोविज्ञान संबंधी जो अत्याधुनिक अनुसंधान किए हैं उनके लिए भी हमें उनके प्रति कृतज्ञ होना चाहिए। उन्होंने प्रमाणित कर दिया है कि चेतन तत्त्व असाधारण संसाधनों द्वारा इंद्रियबोध एवं वर्णों में अपने को प्रकट कर सकता है, दिक् और काल में आगे-पीछे आ-जा सकता है, सुदूर स्थित पदार्थों तक शक्ति को संचालित कर, प्रशिक्षित एवं विकसित चेतना के माध्यमों से, संदेश और रूप पृथ्वी पर उतार सकता है। इस प्रकार आज अध्यात्म की चेतना और विज्ञान की ऊर्जा परस्पर आलिंगनबद्ध होने ही वाली हैं, जिससे यह चरमसत्य प्रमाणित हो जाएगा कि सृष्टि का मूल कारण चेतना की अंतर्निहित ऊर्जा है। इन दिनों भी दुनिया के कुछ चुनिंदा विश्वविद्यालयों में 'माइंड ओवर मैटर' विषय पर गहन अनुसंधान चल रहे हैं, जिसमें चेतना के रहस्यों का विश्लेषण कर, उसके प्रति एक सुचिंतित वैज्ञानिक परिकल्पना स्थिर करने में मदद मिलेगी।

विज्ञान तथा अध्यात्म के इस सम्मिलित प्रयास से अंधविश्वासों का गलाघोंटू शिकंजा टूटेगा तथा विभिन्न सांप्रदायिक नेताओं के चंगुल से भी मानवता को मुक्ति मिलेगी।

मार्क्स ने कहा था, ''पुराने समाज के गर्भ से नए समाज को पैदा करने में धाई का काम 'शक्ति' करती है।'' अर्थात् सामाजिक परिवर्तन शक्ति खोजता है। इसके लिए दुनिया ने अब तक शस्त्र-संघर्ष के ही मार्ग को देखा-समझा है। पौराणिक काल में परशुराम, राम, कृष्ण, बलराम—सबने यही पथ दिखाया। परंतु महाभारत ने तो स्पष्ट दिखला दिया कि शस्त्र के द्वारा सत्य और धर्म की प्रतिष्ठा नहीं होती। कौरव और पांडव दोनों पक्षों का नाश हुआ। श्रीकृष्ण का यदुवंश आपस में लड़कर मर मिटा।

आधुनिक युग में फिर से माओ ने कहा कि शक्ति बंदूक की नली से आती

है। किंतु बंदूक की नली से निकलनेवाली शक्ति से जो रक्त-रंजित क्रांतियाँ हुईं, उन्होंने बंदूक की ही सभ्यता को जन्म दिया। शांति और प्रेममूलक समाज के निर्माण में वे नितांत असफल सिद्ध हुईं। उनमें से अधिकांश देशों ने रक्तरंजित क्रांति के बाद आई सरकारों के बोझ से अपने आपको जल्द ही मुक्त कर लिया।

लोकतांत्रिक देशों में जनता अपनी सभी प्रकार की समस्याओं के समाधान के लिए सरकार की ओर आशा लगाए बैठी मिलती है। वह समाज-परिवर्तन के लिए भी सरकारी-प्रयत्न को ही सक्षम मानती है। यह आशा खोखली और महान् जिम्मेदारी से पलायन की तरह है। इस मोह ने जनता को भी अपने उत्तरदायित्वों के प्रति समग्र रूप में जिम्मेदार नहीं बनने दिया। रामनंदनजी लिखते हैं, ''राज्य-व्यवस्था सहायक हो सकती है, परंतु कभी भी नई समाज-व्यवस्था का निर्माण नहीं कर सकती। सामाजिक क्रांति के गर्भ से अनुकूल राज्य-व्यवस्था का जन्म होता है। राज्य-व्यवस्था स्वयं क्रांतिकारी समाज का निर्माण कभी नहीं कर सकती।''

□

8

युग-क्रांति की प्रभात वेला अतिमानस का अवतरण

महात्मा गांधी ने कहा था कि साधन की शुद्धि के बिना शुद्ध लक्ष्य की प्राप्ति नहीं हो सकती। किंतु शुद्ध साधन के आधार पर समाज परिवर्तन हो सकता है, यह प्रमाणित नहीं हो सका है। नीति शुद्ध है, इतना ही कहने से काम नहीं चलेगा। हमें यह भी साबित करना होगा कि हमारा रास्ता कारगर है। एक दिन यह प्रश्न गांधीजी के सामने भी उठा था। अहिंसा और सत्याग्रह महान् हैं, परंतु इनमें देश को स्वतंत्र करने की शक्ति है क्या?

अध्यात्म और प्रेम के आधार पर समाज-परिवर्तन कैसे संभव है, इस दिशा में महापुरुषों का चिंतन चलता रहा है। विनोबाजी ने सूत्र रूप में अपने चिंतन का निष्कर्ष दिया है, "जैसे विज्ञान के कारण कुछ लोगों के पास घर बैठे दुनिया को खत्म करने की शक्ति आ गई है, वैसे ही हमें भी घर बैठे ऐसी आध्यात्मिक शक्ति विकसित करनी होगी, जिसका असर कुल दुनिया पर हो।...इसके सिवा सत्याग्रह की गति नहीं।"

रूस, अमेरिका तथा विश्व के विभिन्न केंद्रों में वैज्ञानिकों ने प्रयोगशालाओं में सिद्ध कर दिया है कि हजारों मील दूर की बात भौतिक उपकरणों के बिना ही सुनी जा सकती है, हजारों मील अवस्थित व्यक्ति को प्रभावित किया जा सकता है। सिद्धांतत: व्यक्ति की आत्मा और विश्वात्मा एक हैं। उसी तरह व्यक्ति का मानस विश्व-मानस का ही अभिन्न अंग है। वह दिन दूर नहीं जब अध्यात्म पर अधिरूढ़, दैवी शक्ति से संवलित, मानव—अंतर विश्व को प्रभावित करेगा।

आज विश्व एक महान् क्रांति खोज रहा है, संपूर्ण क्रांति (Total revolution) खोज रहा है। क्रांति के लिए 1. अनुकूल परिस्थिति 2. अनुकूल कार्यकर्ता और 3. कुशल नेतृत्व आवश्यक हैं। जब ये तीनों एक बिंदु पर मिलते हैं, तब एक आधारभूत परिवर्तन संभव हो सकता है। इनमें कोई एक भी अपरिपक्व रह गया तो क्रांति विफल हो जाएगी। ऐसे अनेक उदाहरण हैं। जर्मनी तैयार नहीं था। रोजा लक्जेमबर्ग ने क्रांति का प्रयास किया। प्रयास विफल हुआ।

रामनंदनजी कहते हैं, "आज विश्व इतिहास में, महाभारत काल के बाद, पहला अवसर आया है, जब युग-क्रांति का काल उपस्थित हुआ है। इसमें केवल अनुकूल परिस्थिति और कार्यकर्ताओं की जमात से काम नहीं चलेगा। एक तीसरे पक्ष की जरूरत होगी और वह है भगवत्-सत्ता का प्रत्यक्ष हस्तक्षेप। जब तक भगवत्-सत्ता उस बिंदु पर नहीं उतरती, युग परिवर्तन का कार्य नहीं हो सकता, संपूर्ण क्रांति नहीं हो सकती। आज इसी की अपेक्षा थी। इसी की राह हम देख रहे थे।"

आज विश्व एक ऐसी अवस्था में पहुँच गया है, जहाँ साधारण क्रांति से, कुछेक देशों में सरकार या व्यवस्था परिवर्तन हो जाने से कुछ नहीं होनेवाला। पूरे विश्व के पैमाने पर आमूल परिवर्तन का वृहत कार्य, जिसके अंतर्गत विश्व-धर्म (World-religion) और विश्व-राज्य (World-state) की स्थापना आत्यंतिक आवश्यकता का रूप ले चुकी है, बिना ईश्वरीय सहायता के संभव नहीं रह गया है। इस महान् कार्य के लिए विश्व की महान् आध्यात्मिक शक्तियाँ इकट्ठी हो चुकी हैं।

श्रीअरविंद ने 'Dawning of the Superamental' अर्थात् अतिमानस के अवतरण की घोषणा की थी। विनोबाजी ने भी 'अतिमानस की भूमिका' के प्रारंभ में कहा है, "हमें यानी इस समाज को एक अवतार-कार्य प्राप्त हुआ है। अब समूचे समाज को वह कार्य करना है। समाज इनकार करता हो तो भी अतिमानस अवस्था में ही जाना होगा, अन्यथा वह खत्म हो जाएगा।…और अगर वह शक्ति हममें न आए तो समझना होगा कि ईश्वर मानव का लय करना चाहता है।…और इसमें कोई संदेह नहीं कि ईश्वर को जगत् का लय न करना हो, जगत् को कायम रखना हो, तो समाज को अतिमानस का दर्शन होनेवाला है।"

इसकी तैयारी कई सौ वर्षों से आध्यात्मिक जगत् में हो रही थी। अब इसके बाह्य प्रकाश में आने का समय आ गया है। हम आध्यात्मिक शक्ति के बिना ही स्वयं इतनी महान् युग-क्रांति ला सकते हैं, इस मिथ्या अहंकार को छोड़कर नम्र भाव से ईश्वरीय शक्ति के वाहक बनने की योग्यता हासिल करें। नारायण की शक्ति के बिना मात्र नर से युग-परिवर्तन संभव नहीं है और नारायण नर को वाहक बनाकर ही अवतार-कार्य को पूरा करते हैं। नर और नारायण का जब एक बिंदु पर मिलन होता है तब युग-परिवर्तन प्रारंभ होता है। रामनंदनजी ने दो टूक शब्दों में कहा था, ''लोग साथ दें या न दें अथवा मूर्खतावश विरोध ही क्यों न करें, ईश्वरीय शक्ति इतिहास को नया मोड़ देने को कृतसंकल्प है।''

मानस के विचार की शक्ति से विश्व का परिवर्तन संभव है, इस बात को अंतर सहज स्वीकार नहीं करता। किंतु यह अनुसंधान कोई नया नहीं है। यजुर्वेद के 'शिव संकल्प सूक्त' इसी साधना के द्योतक हैं। वे बताते हैं कि किस तरह शुद्ध अंत:करण में स्थापित विश्व-प्रेम के आधार पर विचार-शक्ति द्वारा विश्व-मानस का परिवर्तन संभव है।

आइंस्टीन ने भी कहा था कि जिस दिन हम प्रयोगशाला में यह दिखा सकेंगे कि विचार रूपायित हो सकते हैं (Ideas can take form), उस दिन अध्यात्म और भौतिकवाद का झगड़ा समाप्त हो जाएगा। वैदिक युग के प्रारंभ में ही ऋषियों ने अनेक तरह की तपस्याएँ की थीं। इनमें एक थी, घनीभूत इच्छा-शक्ति या संकल्प-शक्ति द्वारा कार्य-सिद्धि की। लेकिन शक्ति सदा निरपेक्ष होती है। उसका सदुपयोग और दुरुपयोग—दोनों हो सकता है। इसलिए संकल्प के पहले 'शिव' शब्द का प्रयोग हुआ है, जिसका अर्थ है कल्याणकारी संकल्प। लेकिन आज चूँकि पूरे विश्व को प्रभावित करना है, इसलिए मन के क्षेत्र से बहुत ऊपर उठकर, अतिमानस (Super mind)के स्तर पर आरूढ़ होकर, मानस और मानसेत्तर (Mind and over mind) क्षेत्र को प्रभावित करना होगा। रामनंदनजी कहते हैं, ''अतिमानस के स्तर पर आरूढ़ होकर ईश्वरीय शक्ति या शिव-शक्ति या अवतार-शक्ति का धनुष खींचकर विश्व-कल्याण के संकल्प-शर द्वारा पूरे विश्व-मानस को प्रभावित करना है।''

वाल्या भील दुर्दांत प्राणी था। मनुष्य को देखते ही उसकी कुल्हाड़ी उठ जाती। उसने अभी तक दो ही प्रकार के प्राणी देखे थे। उसकी कुल्हाड़ी देख भाग खड़े होनेवाले या उलटकर उस पर हमला बोल देनेवाले। "किंतु आज अन्य ही प्रकार का यह नूतन प्राणी कौन है।" नारद उसे देखकर न तो भागे, न हमला ही किया। शांत भाव से खड़े रहें। न भौंहे हिलीं, न आँखें फैलीं। मधुर भजन ज्यों का त्यों चलता रहा। वाल्या की कुल्हाड़ी रुक गई।

"यह क्या जादू है इसके मुख-मंडल पर।" वाल्या मंत्रमुग्ध हो देवर्षि नारद को देखे जा रहा है। उँगलियाँ वीणा के तार छेड़ रही हैं, मुख से नारायण का मधुर नामोच्चार हो रहा है। और मारने के लिए दौड़ने पर भी शांति डिगती नहीं। उसकी ओर प्रेमपूर्ण दृष्टि लगी है। ऐसा दृश्य तो उसने पहले कभी देखा न था। वाल्या का रूपांतरण हो गया।

"कुल्हाड़ी क्यों रुक गई?"

"आपकी अविचल प्रेम-दृष्टि देखकर।"

देवर्षि नारद ने वाल्या का कायाकल्प कर दिया।

जीवन भावनामय है। भावना में सबकुछ भरा है। हम जो कुछ करें, पूर्ण भावना के साथ करें और वह भावना मंगलमय हो, कल्याणमय हो। उससे भावनामय सृष्टि प्रभावित होगी, रूपांतरित होगी। भावना तेजस्वी हो, इसके लिए उसके शोधन की आवश्यकता है। साधना, भाव-संशोधन का साधन है।

अब तक का अध्यात्म मानव को सच्चिदानंद के शिखर को छूने का पथ बताता रहा है। समाधि की अनुभूति और सहज समाधि में भी रहना सिखाया है। परंतु अध्यात्म ने, सत्य और प्रेम के आधार पर समाज को कैसे बदला जाए, यह नहीं बताया है। आध्यात्मिक जगत् ने समाज से मुँह मोड़कर समाज-परिवर्तन का मार्ग ढूँढ़ने के लिए जनता को छोड़ दिया। सत्य के प्रयोग द्वारा गांधीजी, समाज परिवर्तन का ही नया पथ ढूँढ़ रहे थे। उन्होंने कहा भी था, "मेरा काम वास्कोडिगामा की तरह आशा का अंतरीप खोजना है।"

और अब अध्यात्म पर आरूढ़ अतिमानस की महान् प्रेरणा युग-परिवर्तन का महान् कार्य संपादित करने के लिए अभिमुख हो रही है।

हिरोशिमा के पहले किसी को क्या विश्वास था कि अणु बम के विस्फोट

से हजारों मील दूर देश का ध्वंस हो जाएगा। इस बार युगावतार पहले के सभी अस्त्रों को तिलांजलि देकर मानस की शक्ति द्वारा विश्व-परिवर्तन का स्वरूप विश्व को दिखाएँगे। हाँ, व्यापक नव-निर्माण में ध्वंस की भी भूमिका होगी।

'सावित्री' में श्रीअरविंद ने कहा है—"A few shall see what none yet understand/ God shall grow up while the wise men talk and sleep/ For man shall not know the coming till its hour/ And belief shall be not till the work is done." देखेंगे कुछ ही लोग जिसे समझ नहीं अब तक कोई पाया/ फैलेगा प्रभु का प्रकाश जबकि बुद्धिमान मानव रहा नींद से सोया/ क्योंकि जान नहीं मानव पाएगा, अवतरण को, शुभ-घड़ी आने तक/ और विश्वास नहीं होगा उसे प्रभु कार्य के पूरा होने तक।

जिस विश्व के परिवर्तन की ओर हम उन्मुख हो रहे हैं, उसकी धुरी है मनुष्य के अंतर का परिवर्तन। व्यवस्था से अधिक महत्त्वपूर्ण है उसके भीतर जीनेवाला मनुष्य। यह मनुष्य यदि नहीं बदलता है, सुसभ्य और सुसंस्कृत नहीं होता है तो कैसी भी व्यवस्था बनाई जाए, वह उसे तोड़-मरोड़कर रख देगा, विकृत कर देगा। इसलिए नई विश्व-व्यवस्था के निर्माण की सार्थकता इसमें है कि उसके अंतर्गत कार्य करनेवाला मनुष्य मानवता के उदात्त मूल्यों को धारण करता हो।

हर युग का अपना एक प्रधान रोग होता है। वही रोग उस युग के, उस सभ्यता और संस्कृति के पतन का कारण बनता है। इसलिए जब हम नई सभ्यता और संस्कृति की नींव रखने जा रहे हों, तो इस बात की विशेष सावधानी रखनी होगी कि गत युग के पतन के लिए उत्तरदायी रोग के कीटाणु इस आगत युग के आधार में ही अपना स्थान न बना लें।

वर्तमान युग का प्रधान रोग है—स्वार्थ की पराकाष्ठा। आज का आदमी स्वार्थ में अंधा हो गया है। अपने सुख के लिए वह एकदम राक्षस बन जाता है। और उसके लिए सभी प्रकार के सुखों की इतिश्री होती है—दैहिक सुखों में। देह ही उसका प्रथम और अंतिम यथार्थ है। इसलिए इस स्वार्थ बुद्धि का परित्याग होगा, स्वयं को देह मात्र मानने की पाशविक बुद्धि का विसर्जन होगा तो वह नए मनुष्य के उदय का प्रथम लक्षण होगा।

नए मानव के अनुभव का धरातल ऊँचा उठेगा। दैहिक स्तर पर प्राप्त होने वाले भोगों का रस लेने तक सीमित हो चुका आदमी, दूसरे के दुःख-कष्ट को दूर करने के लिए अपने सुख का त्याग करने में कहीं अधिक सुख और संतोष का अनुभव करने में सक्षम होगा। अनुभव की सीमाएँ टूटेंगी। व्यक्तिनिष्ठ सुख की प्रतीति के स्थान पर समष्टिगत सुख और कल्याण की प्रतीति में मन का उल्लास प्रकट होगा। अर्थात् संकीर्णताएँ टूटेंगी, आत्मीयता का विश्व-व्यापी प्रसार होगा। 'मैं' की जगह 'हम' की भावना हमारे अंतर की मुख्य प्रेरणा बनेगी।

एक ऐसे मनुष्य का जन्म होना है, जिसमें आज के मनुष्य के 'स्व' का आधार ही न रहे-न सांसारिक 'स्व' का, न पारमार्थिक 'स्व' का। उसे सुख इसी में मिलेगा कि हमारे पड़ोसी का जीवन खुशहाल है। आज हम चाहे जितने भी आनंद में रहें, लेकिन हमारे पड़ोसी को यदि हमसे अधिक समृद्धि आ गई, तो हमारा मन छोटा हो जाएगा। इस प्रकार की मनोवृत्ति को हृदय से निकाल फेंकना होगा। हमारा यह भाव बने कि हमें थोड़ा कष्ट है तो है, किंतु हमारे पड़ोसी के यहाँ खुशहाली आ गई और इसकी तृप्ति आपके अपने कष्टों में मरहम का काम करे। 'उदार चरितानाम् तु वसुधैव कुटुंबकम्' की भावना मन का अंतरंग हिस्सा बन जाना चाहिए। अपने चारों तरफ का जो समाज है, उसके आंनद से हृदय आनंदित रहेगा, उल्लसित रहेगा। आपका दुःख, पड़ोसी का दुःख। सभी दूसरों के लिए ही सोचेंगे, अपने लिये सोचने की आदत ही नहीं रहेगी। हमें अपने लिए नहीं, दूसरों के लिए जीने की आदत डालनी है।

नए मानव का अंतर विश्व-चेतना के साथ सहज रूप में संलग्न रहेगा। आज हम केवल यही सोचते हैं कि मेरा लाभ किसमें है? दिन-रात यही सोच लगी रहती है कि कैसे मेरी नौकरी लगे, व्यवसाय कैसे तरक्की करे, कैसे मैं उन्नति करूँ, किस तरह मेरे प्रभाव में वृद्धि हो, अधिक-से-अधिक ऐशो-आराम का प्रबंध कर सकूँ। ऐसा हम इसलिए करते हैं कि हमारे अंतर का केंद्र-बिंदु है 'मैं'। क्या यह केंद्र-बिंदु बदल सकता है? 'मैं' की जगह विश्व आ सकता है? क्या यह विचार हमारे हृदय में जम सकता है कि मेरा संसार आज दुःखी है, रो रहा है? अज्ञान से रो रहा है, रोग से रो रहा है, अन्न-वस्त्र-घर की चिंता में बेचैन है? क्या हम सोच सकते हैं कि आज हमारे संसार में हाहाकार मचा हुआ है?

ऐसा प्रेम यदि हृदय में जगता है तो वह भगवत प्रेम में बदल जाएगा। भगवान् और विश्व एक हैं। विश्व की आराधना ही भगवान् की आराधना है।

वस्तुतः यह जीव का ईश्वर-भाव में जाना है। मेरे अंदर ईश्वर नहीं, ईश्वर में समाकर, ईश्वर की भावना से अनुप्राणित होकर हमें सोचना है कि यह विश्व हमारा है, हमारे इस विश्व का क्या होगा? इस विश्व का नव-निर्माण हमें करना है। दोनों भाव साथ लेकर रहना है कि शक्ति भगवान् की है, सबकुछ करनेवाला वही है और साथ ही यह भाव भी कि भगवान् का कार्य हमें करना है। विश्व-चेतना के साथ, भगवान् के साथ सतत् संयुक्त रहना नए मानव की विशिष्ट पहचान होगी।

□

पुनश्च

प्राचीन विचाधारा के अनुसार हम धीरे-धीरे नीचे जाकर फिर छलाँग मारकर ऊँचाई के शिखर पर पहुँच जाते हैं। पौराणिक विचारधारा के अनुसार सत्युग से नीचे उतरकर हम त्रेता में आते हैं, फिर त्रेता से फिसलकर द्वापर में और अंत में कलियुग में प्रवेश करते हैं। कलियुग से लुढ़ककर हम कहाँ जाएँगे। उत्तर स्पष्ट है, उपरोक्त विचारधारा के अनुसार, सर्वनाश के गहन गर्भ में। लेकिन यदि ऐसा नहीं होना है तो कलियुग की सड़ाँध से छलाँग मारकर हमें सतयुग के उच्च शिखर पर चढ़ना होगा। इसे कल्प-परिर्वतन करते है।

जो लोग समझ-बूझकर या अनजाने ही इस महान् अवसर की प्रतीक्षा में रहे हैं, उन्हें दुष्ट शक्तियों के विरुद्ध आखिरी लड़ाई लड़ने के लिए तथा नव-विश्व-निर्माण के लिए आगे आना चाहिए, विग्रह और युद्ध की आशंका से निरंतर आतंकित और दयनीय दरिद्रता से पीड़ित मानवता को आशा और उत्साह का संदेश सुनाना चाहिए।

इतना वृहत् महान् कार्य इतिहास के सम्मुख कभी उपस्थित नहीं हुआ था। आज धर्म, संस्कृति, राज्य और समाज की गगनस्पर्शी अट्टालिकाएँ नींव से ही लड़खड़ा रही हैं। वे धूलिसात् होने वाली हैं। इससे मानवता का कोई नुकसान नहीं होने जा रहा है, बल्कि पुराने, मिथ्या मूल्यों की लाश उसके कंधे से उतर जाएगी। इसलिए लोगों के ह्रदय में पुरातन के प्रति कोई आकर्षण या कसक नहीं होनी चाहिए, न ही नव-विश्व-निर्माण के हमारे संकल्प में इन म्रियमाण मूल्यों के प्रति आकर्षण से कोई शिथिलता ही आनी चाहिए।

जनशक्ति सदैव भिक्षा और विनय पर निर्भर नहीं रह सकती है। जनशक्ति का रुद्र तेज, जब जगेगा तो उसका सामना सरकार के मशीनगण नहीं कर सकते। जनशक्ति का जागरण आज की हालत में उन्हीं तरुणों के द्वारा हो सकता है,

जिनका शरीर स्वस्थ है, विचार सुसंस्कृत हैं, अंतर में आत्मबल है। यह आत्मबल उन्हें बाहर से नहीं मिलेगा। अंतस्तल की गहराइयों में जाकर प्रसुप्त शक्तियों को जगाना पड़ेगा।

लोग साथ दें अथवा न दें या मूर्खतावश विरोध ही क्यों न करें, ईश्वरीय शक्ति इतिहास को नया मोड़ देने को कृतसंकल्प है।

□□□